目录 CATÁLOGO

U0152509

专项练习 答案解析
CLAVE Y ANÁLISIS
DE EJERCICIOS
ESPECIALES

第一部分 动词填空

将括号内的原形动词变为适当的人称和时态，填入空格内。

1. dicen/ se dice

该题考查无人称句的用法。decir 没有给出具体的主语，因此需要使用无人称：dicen 或者 se dice，意为"据说"。

2. herida

该题考查动词的非人称形式。句中已存在变位动词 estaba，因此 herir 需要使用非人称形式。该句句意为"胡安娜伤得很重"，表示一种状态，因此需要使用过去分词，另外因为该词修饰 Juana，则需使用其阴性形式。

3. dejarán

该题考查条件句的用法。对现在或将来可能的假设，从句用陈述式现在时，主句可用命令式或将来时。该句句意为"如果你没有邀请函的话，他们是不会让你进大厅的"。结果指向将来，且没有具体主语，应使用用无人称。注意，因为前面已有 te，所以不能用"se + 三单"的结构。

4. ha mejorado

该题考查现在完成时的使用。该句句意为"在这些年里，这个国家的经济状况好转了很多"。在一段还没结束的时间里已经完成的事情，需要使用现在完成时。

5. Estás/Estarás

该题考查陈述式现在时或将来未完成时的用法。问句如果是普通的语气，"你生病了？"应使用陈述式现在时，如带有猜测的语气，"你是生病了吗？"则使用将来未完成时。

6. cese

该题考查虚拟式的用法。时间从句中用虚拟式表将来。no...hasta que... 意为"直到……才……"，后面的动作指向将来，需要使用虚拟式，主语为 la lluvia。该句句意为"要等到雨停了你才可以出去"或者"在雨停之前你不要出去"。

7. habían terminado

该题考查陈述式过去完成时的用法。该句句意为"当老师进来的时候，学生们已经做完练习了"。在一个过去的动作之前已经结束的动作需要使用过去完成时。entró（进来）这一动作为过去，那么在这之前的动作 terminar（完成）则使用陈述式过去完成时。

8. habré acabado

该题考查将来完成时的用法。该句句意为"明天的这个时候，我已经写完了我论文的最后一章"。ya 提示完成，在某一将来的动作或时间之前已经结束的另一将来的动作需要使用将来完成时。

9. Habría ido

该题考查复合条件式的用法。该句句意为"我不是很清楚。他是不是去了医院呢？"时间是昨天且已发生，提出的是一种猜测。复合条件式可用来表示对过去已经完成的动作进行猜测。

10. escribiera

该题考查虚拟式的用法。pedir a uno que haga algo 意为"请求某人做某事"。该句句意为"我请求我的哥哥（弟弟）到了北京后要给我来信”，主句动词为过去，从句虚拟式应使用过去，因该动作并未发生，因此使用虚拟式过去未完成时。

11. llueva
该题考查虚拟式的用法。aun cuando 引导让步状语从句，语气强烈，需要使用虚拟式。该句句意为"就算是外面下大雨，我们还是要出去"。

12. saliera
该题考查虚拟式的用法。"prohibir a uno que + 虚拟式"表示"禁止某人做某事"，主句动词是过去，因此需使用虚拟式过去未完成时，从句主语为 la hija，因此使用 saliera。

13. entendáis
该题考查虚拟式的用法。该句句意为"我再重复一遍这篇文章，让你们能更好地理解"。para que 引导目的状语从句，从句中使用虚拟式。注意：如果前后主语一致时，para 后面直接加动词原形。

14. tuviera
该题考查虚拟式的用法。该句句意为"除非没办法了，否则我不会坐飞机出行"。a menos que 引导的从句中应使用虚拟式，意为"除非"。主句动词是简单条件式，因此从句需使用虚拟式过去未完成时。

15. demos
该题考查单一人称结构中虚拟式的用法。该句句意为"我们有必要举办一个聚会来欢迎那些刚来的人"。es necesario que 是单一人称结构，从句需使用虚拟式。

16. aprendas
该题考查时间状语从句中虚拟式的用法。no...hasta... 意为"直到……才……"，主句动词为陈述式将来未完成时，因此引导从句时用虚拟式现在时表将来。该句句意为"直到你学会跳舞时我才会跟你跳"，时间指向将来。

17. haya logrado
该题考查虚拟式的用法。sentirse alegre de que 引导的从句中需要使用虚拟式。该句句意为"我很高兴您得到了去西班牙的机会"，从句动词强调完成，因此需使用虚拟式现在完成时。注意：如果前后主语一致时，sentirse alegre de 后面直接加动词原形。

18. hubiera
该题考查虚拟式的用法。该句句意为"高峰期时大城市里有更多的公交车运行，这样会更好"。ser mejor que 为单一人称结构，从句中使用虚拟式。主句动词为简单条件式，从句需使用虚拟式过去未完成时。

19. viera
该题考查虚拟式的用法。该句句意为"我很确定只要我一见到他就能认出他来"。tan pronto como 引导时间从句，用虚拟式表将来。reconocería 指向的是过去将来，因此 ver 需使用虚拟式过去未完成时表将来。

20. salvara
该题考查虚拟式的用法。定语从句中先行词不确定，从句动词使用虚拟式。该句句意为"国王许诺将会把公主嫁给那个救了她的人"，"救"这一动作还未发生，因此不知其先行词是谁，从句中使用虚拟式，且主句动词为过去，应使用虚拟式过去未完成时。

21. sepas
该题考查虚拟式的用法。该句句意为"当你知道真相的时候，你不要生气"，"知道"这一动作还未发生，时间从句中表示将来，应使用虚拟式。

22. escuchen

该题考查虚拟式的用法。该句句意为"特蕾莎，把收音机的音量开大让爷爷奶奶能听得更清楚"。a fin de que 引导目的状语从句，应使用虚拟式。

23. asistieran

该题考查虚拟式的用法。该句句意为"我们担心他们不会来讲座"。tener miedo de que（担心、害怕某事）引导的名词补语从句中应使用虚拟式。主句动词是过去时，因此需使用虚拟式过去未完成时。

24. llueva

该题考查虚拟式的用法。"que + 虚拟式"的句式表示一种祈祷、愿望。该句句意为"快下雨吧"。

25. fuera

该题考查虚拟式的用法。como si 引导的句子中只能使用虚拟式过去未完成时或虚拟式过去完成时。该句句意为"他什么也没说就把词典拿走了，就好像词典是他的"，"词典是他的"中的动作不强调完成，因此使用虚拟式过去未完成时。

26. digan

该题考查虚拟式的用法。该句句意为"办公室里，他们总是说同样的话，我们已经厌烦了"。estar harto de que 意为"对……感到厌烦"，引导的从句使用虚拟式。注意该动词没有给出具体的主语，因此用第三人称复数表无人称。此处不可以使用"se + 三单"的结构，因为动词前有 nos。

27. se haya terminado

该题考查虚拟式的用法。es una alegría que 此类表示心情、情绪的结构引导的从句中需要使用虚拟式。从句句意为"终于工作按时完成了"，从句动词强调完成，因此需使用虚拟式现在完成时。

28. sepa

该题考查虚拟式的用法。在定语从句中先行词不确定时，从句动词使用虚拟式。该句句意为"经理说他需要一个能很好运用电脑的秘书"，先行词为"秘书"，并没有特指是哪一位秘书，因此从句中用虚拟式。

29. se construyera

该题考查虚拟式的用法。该句句意为"要是村子里修一条路，生活将会更好"。en caso de que 意为"万一，要是"，引导从句应使用虚拟式。主句动词是过去，因此需使用虚拟式过去未完成时。

30. hubiera visto

该题考查虚拟式的用法。como si 引导的句子中只能使用虚拟式过去未完成时或虚拟式过去完成时。该句句意为"就好像并没有看见指示牌上写着这里不能通过"，动作强调完成，因此使用虚拟式过去完成时。

31. vea

该题考查虚拟式的用法。aunque 引导让步状语从句，语气强烈时需要使用虚拟式。该句句意为"就算是我亲眼所见，我也是不会相信的"。

32. fuera

该题考查虚拟式的用法。该句句意为"他们并不认为那个女人在那种场合下说的话是合理的"。pensar, creer 此类表示思维、判断的词作为主句动词且被否定时，从句应使用虚拟式。主句动词是过去时，因此需使用虚拟式过去未完成时。

33. hagas

该题考查虚拟式的用法。"por más que, por mucho/poco que, por mucho +nombre +que"此类结构用法同 aunque 引导的让步状语从句，语气强烈时，需使用虚拟式。该句句意为"就算你再怎么努力，他们也不会给你这个机会的"。

34. nazca
该题考查虚拟式的用法。en cuanto 引导时间从句，用虚拟式表将来。"第一个孩子出生"的动作指向将来。

35. viniera
该题考查虚拟式的用法。该句句意为"班里没有任何人来自那个省份"。对先行词进行否定，定语从句中应使用虚拟式。主句动词是过去，因此需使用虚拟式过去未完成时。

36. hubierais perdido
该题考查虚拟式的用法。es una lástima que 此类表示心情、情绪的结构引导的从句中需要使用虚拟式。从句句意为"你们失去了一个很好的机会"，从句动词强调完成，且主句动词为过去时，因此需使用虚拟式过去完成时。

37. hayamos insistido
该题考查虚拟式的用法。aun cuando 引导的让步状语从句中使用虚拟式。该句句意为"尽管我们坚持了很久，还是没能够说服他"，从句动词强调完成，因此需使用虚拟式现在完成时。

38. se hubiera enterado
该题考查虚拟式的用法。sorprender（使吃惊）这类与心情、情绪相关的动词，后面所带的主语从句中应用虚拟式。该句句意为"你已经知道了发生的事情，这让我很吃惊"，从句动作强调完成，且主句动词为过去，因此需要使用虚拟式过去完成时。

39. tuviera
该题考查虚拟式的用法。como si 引导的句子中只能使用虚拟式过去未完成时或虚拟式过去完成时。该句句意为"他向我投来了一个眼神，就好像有什么事要问我"，不强调完成，因此使用虚拟式过去未完成时。

40. hubiera olvidado
该题考查虚拟式的用法。como si 引导的句子中只能使用虚拟式过去未完成时或虚拟式过去完成时。该句句意为"就好像把什么重要的东西忘在了家里"，该动作强调完成，因此使用虚拟式过去完成时。

41. sabe
该题考查条件句中时态的用法。该句句意为"如果她知道了真相的话，就一定会告诉我的"，对说话人来说"她知道真相"是一种可能的假设，因为主句使用了将来未完成时，则从句使用陈述式现在时。

42. supiera
该题考查条件句中虚拟式的用法。该句句意为"我如果知道的话，我早就告诉你会议的时间了"，这是不可能的假设，从句动作"知道"表示一直持续，现在也还是不知道，因此从句中使用虚拟式过去未完成时。

43. hubieras avisado
该题考查条件句中虚拟式的用法。该句句意为"你要是早告诉我你的想法，我现在也不会出现在你的办公室了"，这是与过去事实相反的假设，从句动作"告诉"指向过去，因此从句中使用虚拟式过去完成时。

44. quieras
该题考查虚拟式的用法。donde, cuando, como 等加虚拟式，意为"随便哪里，随便什么时候，随便怎么样"。该句句意为"你想坐在哪个位置上都可以"。

45. hubieran vuelto
该题考查虚拟式的用法。该句句意为"父母说他们可能在 11 点前就已经回来了"，此处动作指向过去将来，且强调完成，而 ser posible que 为单一人称结构，后面应使用虚拟式。因此此处使用虚拟式过去完成时。

46. lavaos
该题考查命令式的用法。该句句意为"吃饭前你们要洗手"，应使用命令式。注意代词式动词第二人称复数的变位需要去掉 d。

47. dime
该题考查命令式的用法。该句句意为"如果你不愿意做的话，直接告诉我"，应使用命令式。代词 me 应放在变位后面连写，此处不需要加重音。

48. cállese
该题考查命令式的用法。该句句意为"为了避免更多的误会，您还是不要再说了"，应使用命令式。代词 se 应放在后面连写，注意加重音符号。

49. pide
该题考查命令式的用法。该句句意为"如果你在学习上有问题，就向胡安求助"。

50. dejemos
该题考查否定命令式的用法。该句句意为"我们绝不能把孩子或老人锁在车里，那很危险"，应使用否定命令式。

51. Perdone
该题考查命令式的用法。该句句意为"不好意思，您能告诉我一下现在几点了吗？"向别人道歉时，应使用命令式。注意句首大写。

52. preguntes
该题考查否定命令式的用法。de ninguna manera 是带否定含义的短语，放在动词前不需要否定副词 no。该句句意为"你绝不能问一位女士她的年龄"。

53. Apaga
该题考查命令式的用法。该句句意为"离开之前你得把所有的灯都关了"，应使用命令式。注意句首大写。

54. ayúdame
该题考查命令式的用法。该句句意为"帕科，你帮我把桌子搬到窗户那儿，它太重了"，应使用命令式。代词 me 跟在变位后连写，注意加重音符号。

55. repita
该题考查命令式的用法。该句句意为"要是不麻烦的话，请您重复一下刚才所说的，我没有听太清楚"，应使用命令式。

56. digas
该题考查否定命令式的用法。此处 no me digas 作为固定表达，常用来表示惊讶，而不会译为"你别对我说"。

57. Esperen
该题考查命令式的用法。该句句意为"请诸位再等一下，经理正在接一通重要的电话"，应使用命令式。注意句首大写。

58. molestéis
该题考查否定命令式的用法。从后半句可以分析出 molestar 的主语为 vosotros，意为"你们不要打扰我，……"。

59. os metáis
该题考查否定命令式的用法。该句句意为"你们绝不要去干预别人的事情"。

60. Anímate

该题考查命令式的用法。该句句意为"你不行的话谁行呢？加油"，应使用命令式。主语是你，代词 se 应变为 te 并与变位动词连写，加重音符号。注意句首大写。

61. serían

该题考查简单条件式的用法。该句句意为"当他结束工作的时候，将是半夜十一点了"。时间从句中使用虚拟式过去未完成时，表明该句的时间为过去将来，主句中则用简单条件式表示过去将来。

62. Se habría ido

该题考查复合条件式的用法。注意该句为问句，句意为"他离开办公室了吗？"，带有猜测的语气。复合条件式用来对过去已经完成的事情进行猜测。注意句首大写。

63. invitaría

该题考查简单条件式的用法。简单条件式用于表示过去将来。该句句意为"他说他下一周会邀请我去他的新家"。主句动词 dijo 是过去的时态，从句中应使用简单条件式表示过去将来。

64. gustaría

该题考查简单条件式的用法。简单条件式用于表示婉拒。该句句意为"我本是愿意陪你去书店的，但是我有一个重要的约会"。

65. vendría

该题考查简单条件式的用法。简单条件式表示过去将来。该句句意为"我女朋友给我来电说她很快要来看我"。主句动词 llamó diciendo 是过去的时态，因此从句中应使用简单条件式表示过去将来。

66. habrías perdido

该题考查复合条件式的用法。该句句意为"你要是早到一会儿的话，就不会错过飞机了"。对已经发生的事情做不可能的假设，条件句中使用虚拟式过去完成时，而结果句里应使用复合条件式。

67. diría

该题考查简单条件式的用法。该句句意为"我要是你的话，我现在不会告诉他的，因为他将无法承受如此沉重的打击"。对情况做不可能的假设，结果句中动作指向现在或将来，则使用简单条件式。

68. sería

该题考查简单条件式的用法。该句句意为"要是那时没有抓住那些恐怖分子的话，现在的结果会更糟"。对情况做不可能的假设，条件句中的时间指向过去，使用虚拟式过去完成时，但结果的时间指向现在，则结果句中使用简单条件式。

69. llevaría

该题考查简单条件式的用法。简单条件式用于表示过去将来。该句句意为"妈妈想：要是孩子还是很虚弱的话，就要带他去医院了"。主句动词 pensó 是过去的时态，因此从句中应使用简单条件式表示过去将来。

70. saldría

该题考查简单条件式的用法。简单条件式用于表示过去将来。该句句意为"他很担心不能赶上火车，火车将于 4 点半出发"。主句动词 estaba 是过去的时态，因此从句中应使用简单条件式表示过去将来。

71. se venderían

该题考查简单条件式的用法。该句句意为"要是他没有获得那个奖的话，他的书现在也不会卖得这么好"。对情况做不可能的假设，条件句中时间指向过去，使用虚拟式过去完成时，但结果的时间指向现在，因此结果句中使用简单条件式。

72. habría dicho
该题考查复合条件式的用法。该句句意为"他如果是一个有教养的人的话，就不会对那些老人们说脏话了"。对情况做不可能的假设，条件句中时间指向现在或将来，使用虚拟式现在时，但结果句的动作指向过去或已经完成，因此使用复合条件式。

73. estarían
该题考查简单条件式的用法。该句句意为"但愿他们听了我的话啊。现在就不会处于如此困境之中了"。对情况不可能的假设，结果句中的时间指向现在或将来，使用简单条件式。

74. habría preparado
该题考查复合条件式的用法。该句句意为"Luciana 向父母保证，在他们回到家之前，她就已经准备好了晚餐"。时间从句中虚拟式表示将来，"回家"和"做饭"都是将来的动作，且是过去将来，而"做饭"这一动作在"回家"前就已经完成，因此使用复合条件式，表示过去将来完成的动作。

75. Me habría casado
该题考查复合条件式的用法。该句句意为"我要是碰到了一个我爱的女人的话，我就已经结婚了"。对过去的情况进行不可能的假设，条件句中使用虚拟式过去完成时，而结果句里应使用复合条件式。

76. hacer
该题考查动词原形的用法。该句句意为"老师不知道该拿那个学生怎么办了，他又调皮又不听话"。saber引导的直接宾语从句中，如主语与主句主语一致时，使用动词原形。

77. ver
该题考查动词原形的用法。该句句意为"要是没有老师们的帮助的话，我的愿望就不能实现了"。动词poder 后接动词原形。

78. consultar
该题考查动词原形的用法。该句句意为"我建议你向安娜咨询此事，她什么都知道"。表示"建议某人做某事"时有两种表达："aconsejar a uno +inf."或"aconsejar a uno que +subj."。

79. lavarse
该题考查动词原形的用法。该句句意为"有必要在饭前洗手，特别是在疫情时期"。单一人称结构中，如果从句动词没有指出具体主语，则直接使用动词原形。

80. decir
该题考查动词原形的用法。该句句意为"他什么也没说，关了房门，一下午都没有出来"。cerrar 与 decir 的主语一致，因此介词 sin 后跟动词原形。如果前后主语不一致，则用"sin que + 虚拟式"。

81. Conversando
该题考查副动词的用法。该句句意为"通过和佩德罗的交谈，我得知了因为疫情，我们的外教不会再教我们了"。此处用副动词表示谓语动词发生的方式。

82. viendo
该题考查副动词的用法。该句句意为"那天，当老公看到妻子生气了，晚上就没敢出去了"。此处用副动词表示谓语动词发生的时间。此处可相当于时间从句 cuando vio que...。同时，此处也可以理解为谓语动词发生的原因，相当于原因从句 como vio que...。

83. estudiando
该题考查副动词的用法。该句句意为"我学了四年西班牙语，因此，我可以很流利地说西班牙语"。"llevar+时间段 + 副动词"表示"用了多长时间做某事"，如 Llevo media hora viendo la tele.（我看了半个小时电视）。注意"llevar+ 时间段 + 过去分词"表示"处于某种状态多长时间了"。

84. haciendo
该题考查副动词的用法。该句句意为"你别打扰我。没看见我正在忙吗"。"estar+ 副动词"表示正在进行。

85. Yendo
该题考查副动词的用法。该句句意为"在去车站的路上，有人偷了我的钱包"。此处用副动词表示谓语动词发生的时间。此处可相当于时间从句 Cuando iba hacia la parada, …。

86. poniendo
该题考查副动词的用法。该句句意为"我儿子眼睛看着天花板，回答我说他什么都不想吃"。此处用副动词表示谓语动词发生的方式。

87. Siendo
该题考查副动词的用法。该句句意为"虽然这项任务很复杂，路易莎还是按时且成功地完成了"。此处用副动词表示让步。

88. huyendo
该题考查副动词的用法。该句句意为"当听到有人声，小偷逃走了"。此处用副动词表示谓语动词发生的方式，小偷是逃窜着离开的。

89. correr
该题考查动词原形的用法。该句句意为"当警察靠近时，那个年轻人突然跑了"。"echar a+inf."意为"突然开始做某事"。

90. mejorándose
该题考查副动词的用法。该句句意为"经济状况会慢慢地好起来"。"ir+ger."表示渐进性。注意：副动词后跟代词连写，需要加重音符号。

91. manteniendo
该题考查副动词的用法。该句句意为"你还继续和大学的老师们保持着联系吗？""seguir+ 副动词"意为"继续做某事"，如 Sigue hablando.（你继续说）。注意"seguir+ 过去分词"表示"继续处于某种状态"。

92. preparada
该题考查过去分词的用法。该句句意为"约瑟芬娜还没有准备好独自进行三天的旅行"。estar preparado para hacer algo 意为"准备好做某事"。注意：代词式动词变为过去分词时需省去代词 se，并与所修饰的成分保持性数一致，完成时态的变位除外。

93. puesto
该题考查过去分词的用法。该句句意为"一旦包围圈建起来，敌人就出不来了"。此处为分词的独立结构，其主语是 el cerco，包围圈是被建起来的，因此需要使用过去分词。

94. sentados
该题考查过去分词的用法。该句句意为"当他到家的时候，发现孩子们坐在电视机前"。"encontrar a uno+adj./p.p."意为"发现某人处于某种状态"。sentarse 的主语为 sus hijos，需要保持性数一致。

95. hechos
该题考查过去分词的用法。该句句意为"妈妈，我的作业做完了"。"tener algo+p.p."意为"做了某事"，p.p. 用于修饰 algo，保持性数一致，带有被动和完成的含义。如 Tengo mi pelo cortado（我剪头发了）。

96. recorridas

该题考查过去分词的用法。该句句意为"游客们走遍了这个国家的十多个城市"。"llevar algo+p.p." 意为"做了某事"，p.p. 用于修饰 algo，保持性数一致，带有被动和完成的含义。此句中过去分词用于修饰 más de diez ciudades，因此使用 recorridas。

97. ocupada

该题考查过去分词的用法。该句句意为"据说露西亚这些天很忙"。"andar +p.p." 表示所处的状态。注意：代词式动词变为过去分词时需省去代词 se，并与所修饰的成分保持性数一致，完成时态变位除外。

98. preparada

该题考查过去分词的用法。该句句意为"食物已经准备好了。我们上桌吧"。"estar +p.p." 表示所处的状态。此处过去分词用于修饰 la comida，因此使用 preparada。

99. Siendo

该题考查副动词的用法。该句句意为"作为西班牙语的学生，我有必要读一下西语作家们的代表作"。此处 ser 使用副动词，表示"作为"。注意：句首首字母需大写。

100. enterarme

该题考查动词原形的用法。该句句意为"当我得知了发生的事情，我什么都没做，只是拿出手机在网上查消息"。"al+inf." 在句子中充当时间状语。此处 se 需要根据主语变为 me。

101. tienes

该题考查陈述式一般现在时的用法。该句句意为"给我一件你衣柜里面的外套"。Tienes las chaquetas en el armario 意为"你的外套在衣柜里"。

102. es

该题考查陈述式一般现在时的用法。该句句意为"你别担心。老板是一个好人。他会帮你的"。注意此处不使用现在完成时，因为"老板一直都是一个好人，现在仍然是"。

103. hay

该题考查陈述式一般现在时的用法。该句句意为"我们去那条有很多服装店的街道吧"。注意：haber 表示"有，存在"时，是无人称动词，一般现在时的变位为 hay。

104. Necesitan

该题考查陈述式一般现在时的用法。该句句意为"他们需要有人能在工作上帮助他们"。从句中 pueda 提示时间为现在。注意：句首首字母需大写。

105. recuerdo

该题考查陈述式一般现在时的用法。该句句意为"我还记得十年前在那个聚会上碰到的女孩的名字"。一直记得，同样强调现在也记得，因此使用一般现在时。

106. he dicho

该题考查陈述式现在完成时的用法。该句句意为"我给你说过很多次了，衣服不能和袜子一起洗"。强调截止到我说话的时候已经说过很多次，因此使用现在完成时。

107. Habéis probado

该题考查陈述式现在完成时的用法。该句句意为"你们有没有吃过西班牙菜？很不错"。强调在我问之前是否吃过，因此使用现在完成时。

108. ha tratado
该题考查陈述式现在完成时的用法。该句句意为"老师一直都对我们很耐心的，但是为什么现在这么不耐烦呢？"从上下文来看，"对我们有耐心"这一动作截止到说话的时候已经结束了，因此使用现在完成时。

109. han ocurrido
该题考查陈述式现在完成时的用法。该句句意为"今年这条街上已经发生了十多次事故了"。在未结束的时间里已经完成的动作，需要使用现在完成时。

110. ha estado
该题考查陈述式现在完成时的用法。该句句意为"保罗很了解墨西哥，因为他在那里待了十多年"。虽然事情发生在过去，但与现在进行联系，需要使用现在完成时。如 Hablo bien chino, porque he estado en China durante mi infancia（我中文说得好是因为童年时我一直在中国）。

111. hemos sido
该题考查陈述式现在完成时的用法。该句句意为"我和玛法达曾经是朋友，但是现在，我们俩话都不说了"。ser, estar 的现在完成时是对当前情况的否定。Hemos sido amigos.（我们曾经是朋友）；He estado en Argentina.（我去过阿根廷，但是现在不在那里）。

112. nos hemos aprendido
该题考查陈述式现在完成时的用法。该句句意为"截止到现在，我们记住了100多个西班牙语单词"。强调截止到说话时已经完成的动作，需使用现在完成时。

113. está
该题考查陈述式一般现在时的用法。该句句意为"秘书接电话说经理在开一个紧急会议"。主句动词是一般现在时，从句动词也为现在发生的动作，因此使用陈述式一般现在时。

114. pide
该题考查陈述式一般现在时的用法。该句句意为"您要点什么？肉还是鱼？"立刻要发生的动作，使用陈述式一般现在时。

115. Hacen
该题考查陈述式一般现在时的用法。该句句意为"需要5个人才能抬起这张桌子。你去寻求帮助吧（找人吧）"。对于现实的情况的表述，使用陈述式一般现在时。注意：hacer falta 主语为 cinco personas，因此用第三人称复数变位。

116. estuve
该题考查简单过去时的用法。该句句意为"上周六我在一个朋友家庆祝他的生日"。"上周六"为过去的时间，且本句话意在叙述上周六发生的事情，因此使用简单过去时。

117. tuvieron
该题考查简单过去时的用法。该句句意为"这么大的雨，他们不得不把车丢在路上，步行到了车站"。tener que 使用简单过去时表示"不得不做了某事"，而使用过去未完成时表示"必须要做某事"。

118. llegó
该题考查简单过去时的用法。该句句意为"当他到公司的时候，大家都在工作"。llegar 意为"到达"，强调动作的完成，因此使用简单过去时。

119. puso
该题考查简单过去时的用法。该句句意为"昨天他去了医院。在医院里，一个护士给他打了一针"。对已经发生的事情进行叙述，动词应该使用简单过去时。

120. impidió
该题考查简单过去时的用法。该句句意为"资金的缺乏阻碍了他们按时完工"。impedir 接从句时需要使用虚拟式。因从句中使用了虚拟式过去未完成时，且主句是在对事情进行叙述，因此主句动词应该使用简单过去时。

121. se ofrecieron
该题考查简单过去时的用法。该句句意为"昨晚，当森林里发生火灾时，许多年轻人自告奋勇地用他们的摩托车运水去灭火"。对已经发生的事情进行叙述，动词应该使用简单过去时。

122. Se divirtieron
该题考查简单过去时的用法。该句句意为"他们在昨天晚上的晚会上玩得很开心"。对已经发生的事情进行叙述，动词应该使用简单过去时。注意：divertirse 简单过去时第三人称变位需要将 e 变为 i。

123. impuso
该题考查简单过去时的用法。该句句意为"警察给了他一个罚单，因为他把车停在了停车场外面"。对已经发生的事情进行叙述，动词应该使用简单过去时。

124. volví
该题考查简单过去时的用法。该句句意为"去年我回了老家 5 次"。时间是"去年"，且已经指明了动作发生的次数，因此使用简单过去时。

125. llegamos
该题考查简单过去时的用法。该句句意为"聊着天，不知不觉中我们就到了学校"。对事件进行叙述，动词应该使用简单过去时。

126. sabía
该题考查陈述式过去未完成时的用法。该句句意为"你知道在这个区要建这座城市最高的大楼吗？""我不知道呢。什么时候开始建啊？"。当说话人在说"我不知道"的时候，其实已经通过前一个人的话得知了这一事件，"不知道"指的是这之前一直不知道，因此使用过去未完成时。

127. estaba
该题考查陈述式过去未完成时的用法。该句句意为"他们问秘书人事部在几楼"。该句为间接引语从句，主句动词使用简单过去时，因此从句中使用过去未完成时。

128. leía
该题考查陈述式过去未完成时的用法。该句句意为"当妻子准备早餐的时候，丈夫看报纸"。时间从句中的动词与主句动词同时发生，且是持续的，因此两者都应当使用过去未完成时。

129. llevaba
该题考查陈述式过去未完成时的用法。该句句意为"在那个时候，人们过着艰苦却又幸福的生活"。对过去的事情进行描述，使用过去未完成时。

130. hacía
该题考查陈述式过去未完成时的用法。该句句意为"因为天气很好，贝贝和玛利亚去公园里散步"。原因从句中的"天气很好"作为主句动作发生的背景，因此使用过去未完成时。

131. acudíamos
该题考查陈述式过去未完成时的用法。该句句意为"当我们在马德里的时候，如果遇到了什么问题，我们就向胡安求助"。对过去某个时段时常发生的事情进行描述的时候，动词应使用过去未完成时。

132. solía
该题考查陈述式过去未完成时的用法。该句句意为"他跟我讲他经常在图书馆度过下午时光"。该句为间接引语从句，主句动词使用简单过去时，因此从句中使用过去未完成时。注意：动词 soler 表示"常常做某事"，通常使用未完成时态。

133. íbamos
该题考查陈述式过去未完成时的用法。该句句意为"在那些年里，我们每周去两次电影院"。dos veces a la semana 虽然指出了次数，但强调重复的频率。在过去的时间里，强调重复发生的动作，应当使用过去未完成时。

134. había muerto
该题考查陈述式过去完成时的用法。该句句意为"当救护车到达的时候，那个女人已经死了"。"死"这一动作发生在"到达"这一过去动作之前，因此使用过去完成时。

135. había terminado
该题考查陈述式过去完成时的用法。该句句意为"我把两天前完成的论文交给了老师"。"完成"这一动作发生在"交给"这一过去动作之前，因此使用过去完成时。

136. habían vuelto
该题考查陈述式过去完成时的用法。该句句意为"他们告诉警察，那天三点半的时候他们已经从图书馆回来了"。在一个过去的时间点之前已经结束的动作应使用过去完成时。"回来"这一动作在"那天三点半"这一时间之前已经完成，因此需要使用过去完成时。

137. había escrito
该题考查陈述式过去完成时的用法。该句句意为"上周日，当你到来的时候，我已经写好信了"。在一个过去的动作之前已经完成的动作应使用过去完成时。"写信"这一动作发生在"到达"之前，"到达"是过去的动作，因此"写信"需要使用过去完成时。

138. habíamos andado
该题考查陈述式过去完成时的用法。该句句意为"那天当我们在路上遇见他们的时候，我们已经走了十公里了"。在一个过去的动作之前已经完成的动作应使用过去完成时。"走了十公里"这一动作在"遇到"之前已经完成，而"遇到"是过去的动作，因此"走了十公里"需要使用过去完成时。

139. me había marchado
该题考查陈述式过去完成时的用法。该句句意为"我妈妈跟我说过了。你到的时候，我已经离开了"。在一个过去的动作之前已经完成的动作应使用过去完成时。"离开"这一动作在"到达"之前已经完成，而"到达"是过去的动作，因此"离开"需要使用过去完成时。

140. habían admitido
该题考查陈述式过去完成时的用法。该句句意为"在他最近的一封信里，他对我说他被一所语言大学录取了"。在一个过去的动作之前已经完成的动作应使用过去完成时。在告诉我之前，他就已经被录取了，因此需要使用过去完成时。注意：lo 指代的是 a él，admitir 通常使用第三人称复数表示无人称。

141. nos reuniremos
该题考查将来未完成时的用法。该句句意为"下周日我们将和一些很久未见的老朋友聚聚"。句子中有明确的提示将来的时间状语 el próximo domingo，因此动词应使用将来未完成时。

142. se entrevistará
该题考查将来未完成时的用法。该句句意为"明天公司经理将会和智利商务代表团的负责人见面"。句子中有明确的提示将来的时间状语 mañana，因此动词应使用将来未完成时。

143. dirá

该题考查将来未完成时的用法。该句句意为"你别问我，去问皮拉尔。她会告诉你一切"。句子中虽没有明确的提示将来的时间状语，但是从句意上分析，"告诉"这一动作是将会发生的，因此使用将来未完成时。

144. despegará

该题考查将来未完成时的用法。该句句意为"我认为如果明天天气好的话，飞机会准时起飞"。条件从句中指出了 mañana 这一将来时间，结果句中"起飞"这一动作也发生在明天，因此使用将来未完成时。注意：条件句中用陈述式一般现在时表现在的将来。（区别：时间状语从句中用虚拟式表将来）

145. podrán

该题考查将来未完成时的用法。该句句意为"从明年开始，参观者们可以在网上预订博物馆的门票"。句子中有明确的提示将来的时间状语 a partir del próximo año，因此动词应使用将来未完成时。

146. invitaré

该题考查将来未完成时的用法。该句句意为"要是你今天下午有空的话，我请你去看电影"。句子中有明确的提示将来的时间状语 esta tarde，因此动词应使用将来未完成时。注意：条件句中用陈述式一般现在时表将来。

147. habrá llegado

该题考查将来完成时的用法。该句句意为"明天八点半的时候火车已经到了墨西哥城"。在将来的动作或者将来的时间点之前已经完成的另一将来动作应使用将来完成时。句子中有明确的提示将来的时间状语 mañana a las ocho y media，但"到达"这一动作在"明天八点半"这一将来时间之前已经完成，因此动词应使用将来完成时。

148. habrán preparado

该题考查将来完成时的用法。该句句意为"在客人们到来之前，他们已经准备好了他们国家的特色菜"。在将来的动作或者将来的时间点之前已经完成的另一将来动作应使用将来完成时。时间从句中，"到达"这一动词使用了虚拟式，说明其是将来的动作，而"准备"这一动作在"到达"之前已经完成，因此使用将来完成时。

149. se habrá ido

该题考查将来完成时的用法。该句句意为"我不知道。生病了？或者是去度假了？"将来时可用于表猜测。将来未完成时表示对现在或将来情况的猜测，而将来完成时则表示对已经完成的动作进行猜测。"去度假了"强调动作的完成，因此要使用将来完成时表猜测。

150. nos habremos acostado

该题考查将来完成时的用法。该句句意为"当父母回来的时候，我和妹妹已经上床了"。在将来的动作或者将来的时间点之前已经完成的另一将来动作应使用将来完成时。时间从句中，"回来"这一动词使用了虚拟式，说明其是将来的动作，而"上床"这一动作在"回来"之前已经完成，因此使用将来完成时。

第二部分 前置词填空

根据需要将前置词或前置词与冠词的缩合形式填入空格内。

1. tras, bajo
介词 tras 表示空间的含义"在……之后"。bajo 和 abajo 需要区分开，bajo 表示空间的含义"在……下"，而 abajo 是副词。句子意思是"我不想进去，妈妈，里面有人""不，孩子，没有人在帘子后面也没有人躲在桌子下面"。

2. según
考查介词 según 的用法，表示"取决于，根据……情况而定"。句子意思是"当然，这事他做得好或差，取决于怎么看"。

3. por
考查短语 preguntar por alguien 的用法，表示"询问，问起"。句子意思是"你记得卡门吗？我碰到她了，并且她向我问起了你"。

4. desde
考查介词 desde 的用法，用于指出行程，行动的起点或行为的起始时间。句子意思是"我认识马丁有两年了"。

5. por
考查短语"tomar por"的用法，表示"看做，当成"。句子意思是"我怎么会允许他随便骂人！你把我当成什么人了？"

6. con
考查短语"quedar con alguien"的用法，表示"与……有约"。句子意思是"我不能跟你们去了，因为我已经跟安娜约好了"。

7. a
考查动词 tirar 与介词 a 的搭配使用，表示"向……走去，转向"。句子意思是"沿着这条街走下去，到十字路口向左拐"。

8. con, con
两个空均考查短语"quedarse con algo"的用法，表示"留下，买下；不归还"。句子意思是"分手时，她拿走了轿车，而他拿走了公寓"。

9. por
考查短语"estar por + 名词"的用法，表示"拥护，支持，同意"。句子意思是"我仔细想过了，赞成你的决定"。

10. de, de
两个空均考查短语"hacer de"的用法，表示"充当，扮演"。句子意思"卡门通常扮演坏人，不过在这部影片中她出演医生"。

11. a
考查短语"echarse a"的用法，表示"开始做某事"。句子意思是"当发现有陌生人跟着他时，他开始跑起来"。

12. por
考查短语"elegir por (color, tamaño)"的用法，表示"按照（颜色、大小）挑选"。句子意思是"农民们按照大小挑选苹果，然后进行装箱"。

13. al
考查短语"elevar a alguien a un puesto"的用法，表示"将某人提拔到某个位置"。句子意思是"公司想提升琳达为董事一职"。注意：a 与 el 缩合为 al。

14. en
考查短语 empeñarse en 的用法，表示"坚持做某事"。句子意思是"既然你已经决定放弃你的工作，没有人可以阻拦你"。

15. a
考查动词 empezar 与介词 a 的搭配使用，表示"开始做某事"。句子意思是"演讲者开始讲同一个话题，我开始头疼"。

16. por
考查动词 empezar 与介词 por 的搭配使用，表示"从……地方开始"。句子意思是"要学习一门新的语言，必须从字母表开始学起"。

17. de
考查短语"enamorarse de"的用法，表示"爱上某人"。句子意思是"他在第一次旅行时就爱上了保拉"。

18. de
考查短语"encargar de"的用法，表示"负责某事"。句子意思是"领导对秘书说她要负责保管好所有的文件"。

19. con
考查短语"encontrarse con alguien"的用法，表示"遇到某人"。句子意思是"在聚会上我们遇到了许多熟人"。

20. con
考查短语"enfrentarse con algo"的用法，表示"面对……"。句子意思是"他是个怯懦的人，害怕面对改变和困难"。

21. con
考查短语"enojarse con alguien"的用法，表示"对……生气"。句子意思是"她生了她最好的朋友的气，她们已经快两个月没说话了"。

22. con
考查短语"entenderse con alguien"的用法，表示"与……相处融洽"。句子意思是"何塞知道如何与所有人融洽相处"。

23. en
考查短语"echarse en"的用法，表示"在……躺下"。句子意思是"如果你感觉不舒服，就在床上躺一会儿，我来把工作做完"。

24. a

考查动词 educar 的用法，表示"教育某人"。句子意思是"必须教育这个孩子，因为他是个野蛮人"。

25. del

考查动词 enterar 的用法。"enterar a uno de algo"表示"告诉某人某事"，"enterarse de algo"表示"获悉，得知某事"。句子意思是"他们已经把那件事告诉了她"，注意：asunto 前应有定冠词 el，所以此处填写缩合形式 del。

26. por

考查短语"entrar por (la puerta, la ventana) un sitio"的用法，表示"从（门，窗）进入"。句子意思是"因为弄丢了家里的钥匙，安娜从窗户进了房子"。

27. en

考查短语"en forma adecuada"的用法，表示"按照合适的方式"。句子意思是"餐桌要摆放得当，让每个人都能看到舞台"。

28. de

考查短语"aprovecharse de"的用法，表示"从中得到好处"。句子意思是"胜利者利用敌人的武装劣势，征服了他们的土地"。

29. en

考查短语"en un principio"的用法，表示"一开始"。句子意思是"这个女人起初对我来说似乎很无聊，但事实证明她很有趣"。

30. con

考查动词 terminar 与介词 con 的搭配使用，表示"消灭，摧毁"。句子意思是"他已经成功地消灭了种植园中的昆虫瘟疫"。

31. de

考查短语"equivocarse de"的用法，表示"弄错"。句子意思是"由于疏忽，他弄错了火车的发车日期"。

32. para/a

考查动词 ofrcerse 与介词 para 或者 a 的搭配使用，表示"自愿，自告奋勇做某事"。句子意思是"几名学生主动提出为贫困儿童支付学费"。

33. a

考查短语"limitarse a"的用法，表示"局限于做某事"。句子意思是"我仅限于谈论最具体的事情"。

34. de

考查短语"darse cuenta de algo"的用法，表示"察觉，意识到"。句子意思是"我意识到他们不想说出真相"。

35. de, en

考查短语"de vez en cuando"的用法，表示"时不时"。句子意思是"在大学读书的时候，她时不时就和男朋友一起去看电影"。

36. Con, del

考查短语"con motivo de"的用法，表示"由于，值……之际"。句子意思是"过年之际，丈夫给妻子买了礼物"。注意：de 与 el 缩合为 del。

37. contra

考查介词 contra 用法，表示"与……冲着，对立"。句子意思是"很长一段时间，船不得不逆风航行"。

38. entre

考查介词 entre 用法，表示"与……一起"。句子意思是"如果他们在五个人一起做这个事情，他们可以在六点完成"。

39. a

考查动词 cansar 的用法，"cansar a alguien"表示"让某人感到疲倦"。句子意思是"因为不想让朋友们感到疲倦，于是他一个人做"。

40. al

考查短语"referirse a"的用法，表示"关于……"。句子意思是"关于这本小说的第二章，我想说这是一个有趣的故事"。注意：a 与 el 缩合为 al。

41. en

考查短语"en realidad"的用法，表示"实际上"。句子意思是"我们以为他们是老朋友，但实际上他们是在一周前认识的"。

42. en

考查短语"tardar en"的用法，表示"费时"。句子意思是"秘书过了很久才给我们开会的具体地点"。

43. de

考查短语"ser capaz de"的用法，表示"有能力做某事"。句子意思是"我不认为这家伙有能力在这么短的时间内完成所有事情"。

44. en

考查介词 en 用法，表示"用某种语言"。句子意思是"朋友们，如果我能更好地了解诸位的语言，我会用它来表达我的感激之情"。

45. de

考查短语"se trata de"的用法，表示"指的是，说的是"。句子意思是"这是一个美妙的传说，我想更详细地告诉你"。

46. de

考查短语"sospechar de"的用法，表示"猜疑，怀疑"。句子意思是"在我看来，你没有理由怀疑我们"。

47. con

考查介词 con 用法，表示"对什么而言"。句子意思是"不要对他答应你的那次旅行抱有希望。 难道你不知道他从不信守诺言"。

48. de

考查短语"estar seguro de"的用法，表示"确定，确信"。句子意思是"我们确信没有人会阻止我们前进"。

49. de

考查动词 saltar 与介词 de 的搭配使用，表示"原因"。句子意思是"一打开包装，看到爷爷奶奶送来的礼物的时候，孩子们高兴地跳了起来"。

50. a

考查短语"aproximarse a"的用法，表示"接近，靠近"。句子意思是"当火车接近车站时，我开始见到我的朋友"。

51. Para
考查介词 para 的用法，表示"目的，为了做某事"。句子意思是"要得到那份工作，你不需要任何人的推荐"。

52. a
考查短语"disponerse a"的用法，表示"做好准备"。句子意思是"收拾好行李，丹尼尔准备去机场"。

53. a
考查介词 a 的用法，表示"价格"。句子意思是"马铃薯的价格是每公斤七十比塞塔"。

54. por
考查介词 por 的用法，表示"原因"。句子意思是"你别担心，不会因为你实话实说就惩罚你"。

55. de
考查短语"hablar bien/ mal de alguien"的用法，表示"说某人好话 / 坏话"。句子意思是"我知道他们在说我坏话"。

56. contigo
考查介词"con + tú = contigo"的用法，表示"和你"。句子意思是"你听着，我跟你说话呢"。

57. Entre
考查介词 entre 的用法，表示"与……一起"。句子意思是"你和我一起马上把这事了结了"。

58. Ante
考查介词 ante 的用法，表示"面对，当……的面"。句子意思是"面对诸如此类的事情，我们必须谨慎行事"。

59. bajo
考查介词 bajo 的用法，表示"在……的领导之下"。句子意思是"在如此严格的管控之下，什么都做不了"。

60. contra
考查介词 contra 的用法，表示"与……碰撞"。句子意思是"小心，别碰到墙上"。

61. sin
考查介词 sin 的用法，表示"没有"。句子意思是"他混入那些罪犯中而未被发现"。

62. entre
考查介词 entre 的用法，表示"在……之间"。句子意思是"日期我还不确定，我想大概在 22 号和 23 号之间吧"。

63. sin
考查短语"no sin"的用法，表示"没有……就不能怎么样"。句子意思是"他要说明的是，不下苦功夫我们就做不成此事"。

64. según
考查介词 según 的用法，表示"时空范围的含义：随着"。句子意思是"随着练习，你的发音会渐渐好起来的"。

65. sobre
考查介词 sobre 的用法，用于数字之前，表示"大约"。句子意思是"我估摸着大概有三百来人"。

66. a
考查短语"en cuanto a"的用法，表示"至于，关于"。句子意思是"关于你所说的，我不想做任何评论"。

67. con
考查短语"con frecuencia"的用法，表示"经常"。句子意思是"她经常谈论她在西班牙的学习经历"。

68. de
考查动词 morir 与介词 de 的搭配使用，表示"强烈地感觉到某种感觉"。句子意思是"我热得要命。我像马一样出汗"。

69. ante
考查介词 ante 的用法，表示"面对，当……的面"。句子意思是"我们想象有一天，来自另一个星球的生物出现在我们面前"。

70. a
考查短语"dedicarse a"的用法，表示"从事，致力于"。句子意思是"我的父母住在乡下。他们从事农业"。

71. de
考查短语"tomar la decisión de"的用法，表示"做……的决定"。句子意思是"我决定去事故发生地确认消息是否属实"。

72. a
考查短语"disponerse a"的用法，表示"准备做某事"。句子意思是"被围困的人怀疑围攻者正准备撤退"。

73. con
考查短语"bastar con"的用法，表示"足够做某事"。句子意思是"您不必跟我来。只需给我指路就够了"。

74. por
考查动词 cambiar 与介词 por 的搭配使用，表示"用什么替换"。句子意思是"由于这些杯子脏了，服务员不得不给我们更换其他的"。

75. con
考查短语"contar con"的用法，表示"拥有"。句子意思是"我们的足球队拥有全校最好的球员"。注意：de 与 el 缩合为 del。

76. del
考查动词 sufrir 与介词 de 的搭配使用，表示"遭受，忍受"。句子意思是"你是从什么时候开始胃痛的？"注意：de 与 el 缩合为 del。

77. hasta
考查介词 hasta 的用法，表示"直到"。句子意思是"今晚我将不得不在办公室工作，直到有人来代替我"。

78. a
考查短语"lanzarse a"的用法，表示"扑向，冲向"。句子意思是"安娜实在是太着急了，就用一张报纸捂着头冲到了街上"。

79. con
考查短语"con mayor rapidez"的用法，表示"快速地"。句子意思是"我相信这种态度不仅可以帮助我在学习语言方面更快地进步，而且可以更好地了解这个城镇"。

80. de
考查短语"olvidarse de"的用法，表示"忘了做某事"。句子意思是"当然今天他没有忘记给他最喜欢的动物带来一些东西"。

81. de
考查短语"disfrutar de"的用法，表示"享受"。句子意思是"他们享受现代生活的所有的舒适"。

82. contra
考查介词 contra 的用法，表示"与……对立，对抗"。句子意思是"所有的士兵都奋起反抗敌人"。

83. al
考查介词 a 的用法，表示"频率"。句子意思是"你知道助理一个月能挣多少欧元吗？"注意：a 与 el 缩合为 al。

84. en
考查短语"ponerse en marcha"的用法，表示"出发"。句子意思是"汽笛声响起，火车开动了"。

85. para
考查介词 para 的用法，表示"为了"。句子意思是"老师，我现在在您的办公室，可以借机和您谈谈吗"。

86. de
考查短语"de lejos"的用法，表示"从远方"。句子意思是"当他从远方看着人群，一点一点地靠近"。

87. entre
考查介词 entre 的用法，表示"一起"。句子意思是"来了一些其他人，他们一起把那个人扔出了房间"。

88. en
考查短语"meterse en"的用法，表示"干预，卷入"。句子意思是"你不要来插手我的事"。

89. de
考查短语"antes de"的用法，表示"在……之前"。句子意思是"为了不让手杖掉下来，爷爷在接受体检前把它靠在墙上"。

90. de
考查短语"dejar de hacer algo"的用法，表示"放弃做某事"。句子意思是"保拉花了很长时间才说服经理放弃他的想法"。

91. con
考查短语"soñar con"的用法，表示"梦想做某事"。句子意思是"小时候，他梦想去印度旅行"。

92. de
考查短语"hablar de alguien"的用法，表示"谈及某人"。句子意思是"注意到你很欣赏何塞。每当你谈论他时，你都会赞美他"。

93. a
考查短语"a pesar de que"的用法，表示"虽然"。句子意思是"虽然现在网上购物很流行，但老人不愿意这样做"。

94. hacia
考查介词 hacia 的用法，表示"时间或地点的接近，大约"。句子意思是"最早的城市文明出现于公元前 3000 年左右，分布于非洲和亚洲的各个地区"。

95. Según
考查介词 según 的用法，表示"根据"。句子意思是"根据妇女研究协会制定的妇女与健康研究表明，女性比男性寿命更长"。

96. en
考查短语"consistir en"的用法，表示"由……构成"。句子意思是"青少年开始使用烟草有两个原因：好奇心以及家人和朋友的影响"。

97. por
考查短语"por todas partes"的用法，表示"到处"。句子意思是"我到处找我的袜子却没有找到"。

98. con
考查动词 encontrarse 与介词 con 的搭配使用，表示"与某人相遇"。句子意思是"你知道我们昨晚遇到了谁吗？"

99. sin
考查介词 sin 的用法，表示"没有"。句子意思是"我再说一遍，你不要不关灯就离开房间"。

100. por
考查介词 por 的用法，表示"沿着，或者在什么范围内"。句子意思是"一只熊嗅着地面出现了。不久之后消失在森林中"。

101. en
考查动词 pensar 与介词 en 的搭配使用，表示"思考某事"。句子意思是"仔细考虑你将在大学里学习的专业"。

102. al
考查短语"dedicarse a"的用法，表示"致力于……"。句子意思是"大学毕业后我更愿意从事外贸"。注意：a 与 el 缩合为 al。

103. de
考查介词 de 的用法，这里起修饰作用。句子意思是"我是一个有耐心、有条理、善于与人相处、善于言辞的人，据他们说，这些品质将使我成为一名好老师"。

104. a
考查短语"ser aficionado a"的用法，表示"爱好……"。句子意思是"有几位同学非常喜欢文学，并打算致力于翻译"。

105. de
考查介词 de 的用法，这里起修饰作用，修饰 programa。句子意思是"这是一个非常重要的计划"。

106. por
考查短语"gracias por"的用法，表示"对……表示感谢"。句子意思是"谢谢你的夸奖，我还在翻译和写作事业之间犹豫不决"。

107. a
考查短语"obligar a alguien a hacer algo"的用法，表示"强迫某人做某事"。句子意思是"虽然大家都说太早了，但是三岁的时候（父母）就已经逼着我们学习读写了"。

108. de/sobre
考查短语"informar a alguien de/sobre algo"的用法，表示"告知某人某事"。句子意思是"现在通知我们经营的结果还为时过早"。

109. en
考查短语"acudir en ayuda"的用法，表示"前来帮助"。句子意思是"当我遇到困难时，我相信你会来帮助我的"。

110. a
考查短语 "atreverse a" 的用法, 表示 "敢于做某事"。句子意思是 "因为有你的帮助, 我才敢于投资商业"。

111. en
考查短语 "admitir en" 的用法, 表示 "接收"。句子意思是 "我已经被语言大学录取了, 已经和一群来自世界各地的年轻人一起开始了我的汉语课"。

112. a
考查短语 "derecho a" 的用法, 表示 "权利, 特权"。句子意思是 "这部西班牙电影以真实事件为基础, 讨论了有尊严的死亡权和生存的权利, 这部电影已成为最受关注的电影之一"。

113. en
考查介词 en 的用法, 表示 "在……之中"。句子意思是 "在基督教国家庆祝的节日中, 狂欢节很特别"。

114. con
考查短语 "conformarse con" 的用法, 表示 "同意"。句子意思是 "虽然西蒙·玻利瓦尔希望将整个拉丁美洲统一为一个共和国, 但不得不接受巴拿马、哥伦比亚、委内瑞拉、厄瓜多尔、秘鲁和玻利维亚的独立"。

115. de
考查介词 de 的用法, 表示 "所属, ……的"。句子意思是 "军队在和平时期遭受了最大的致命损失"。

116. a
考查动词 perseguir 与介词 a 的搭配使用, 表示 "追捕某人"。句子意思是 "警方正在追捕一名背部受伤的男子"。

117. de
考查短语 "despedirse de alguien" 的用法, 表示 "与某人辞别"。句子意思是 "和我说再见后, 他去了他的办公室"。

118. de
考查短语 "retirarse de un lugar" 的用法, 表示 "从某地撤离"。句子意思是 "1945 年日军从我市撤离"。

119. de
考查短语 "de una vez" 的用法, 表示 "立刻, 马上"。句子意思是 "诸位不要再犹豫了。立刻做决定"。

120. de
考查短语 "lleno de" 的用法, 表示 "充满"。句子意思是 "无法相信发生了什么事, 特洛伊人犹豫了片刻, 立即冲出了城市, 欢呼雀跃"。

121. a
考查动词 encargar 的用法, 表示 "委托某人做某事"。句子意思是 "我们可以请安东尼奥给我们买我们需要的东西吗? "

122. para
考查短语 "prepararse para hacer algo" 的用法, 表示 "准备做某事"。句子意思是 "我们准备去旅行"。

123. en
考查介词 en 的用法, 表示 "在……方面"。句子意思是 "虽然工作上有很多困难, 但他不会接受任何帮助"。

124. por
考查短语 "llamar por teléfono" 的用法，表示"打电话"。句子意思是"我没有给他打电话，因为我怕打扰他"。

125. de
考查短语 "estar enterado de algo" 的用法，表示"懂得，熟悉，知道"。句子意思是"所有的同伴们都知道会议时间吗？"

126. por
考查动词 extender 与介词 por 的搭配使用，表示"在……传播，扩展"。句子意思是"消息不到一天就传遍了全城，你们怎么可能不知道呢？"

127. Por
考查介词 por 的用法，表示"因为……原因"。句子意思是"由于时间不够，他们无法详细向我们解释"。

128. hasta
考查短语 "no...hasta" 的用法，表示"直到……才"。句子意思是"我想他们不会退缩，直到我用新的证据说服他们"。

129. de
考查短语 "antes de" 的用法，表示"在……之前"。句子意思是"在离开前，感谢主人的邀请是有必要的"。

130. a
考查短语 "entregarse a" 的用法，表示"投降，自首"。句子意思是"被指控的凶手在周六凌晨向警方自首"。

131. en
考查短语 "envolver a alguien en algo" 的用法，表示"使卷入"。句子意思是"记者把他卷入了一堆事实和数据中"。

132. de/con
考查短语 "equipar a alguien o algo de (con) algo" 的用法，表示"用某物装备"。句子意思是"这个品牌为车队的车手配备了引擎"。

133. en
考查短语 "esconder algo en un sitio" 的用法，表示"藏，掩藏"。句子意思是"他把抢劫的钱藏在一个废弃的旧工厂里"。

134. de/en
考查短语 "esperar de/en alguien" 的用法，表示"寄希望于某人"。句子意思是"我对你寄予厚望，但你让我失望了"。

135. en
考查短语 "establecerse en un sitio" 的用法，表示"在……安顿下来"。句子意思是"雅典娜离开最初定居点的山丘去到周边的地区定居，并将其作为神圣和纪念性的地区"。

136. Desde
考查介词 desde 的用法，表示"自从"。句子意思是"自从我和几个同学组成志愿者小组以来，我们已经为许多人提供过帮助了"。

137. en
考查动词 ocupar 与介词 en 的搭配使用，表示"在某方面占有地位"。句子意思是"墨西哥的白银产量在世界上占第一"。

138. a

考查短语"echarse a"的用法，表示"突然开始做某事"。句子意思是"小女孩被那个陌生人吓坏了，哭了起来"。

139. a

考查短语"dar a"的用法，表示"朝向，对着"。句子意思是"我的房间不临街，因此很安静"。

140. de

考查短语"acabar de"的用法，表示"刚刚做某事"。句子意思是"很多人说我们刚刚收到的消息纯属谎言"。

141. sin

考查短语"sin duda"的用法，表示"毫无疑问"。句子意思是"最近成都发生了大的变化，当你再次看到它时，它肯定会像另一个城市一样"。

142. a

考查短语"parecerse a"的用法，表示"与……长得像"。句子意思是"这孩子很像他的母亲"。

143. de

考查短语"librar a alguien de algo"的用法，表示"使解除，使摆脱"。句子意思是"我们不仅为女孩减轻了大部分家务，还为她做家庭教师"。

144. de

考查短语"cansarse de"的用法，表示"疲倦，疲劳"。句子意思是"这个家伙总是尽可能地坚持下去，并且从不厌倦在权势面前摇尾巴和低头"。

145. en

考查短语"estar en poder de"的用法，表示"在……的掌控下"。句子意思是"当特洛伊人第二天醒来时，他们的城市已经在希腊人手中"。

146. por

考查短语"por lo menos"的用法，表示"至少"。句子意思是"我们希望那个小镇至少有电灯"。

147. en

考查短语"en medio de"的用法，表示"在……中间"。句子意思是"由于马路中间停着一辆车，因此堵车很严重"。

148. a

考查短语"llevar a cabo"的用法，表示"完成"。句子意思是"我知道你要对玻利维亚的社会问题进行研究。我建议你首先了解该国的文化和习俗"。

149. de

考查短语"estar seguro de"的用法，表示"确信，有把握"。句子意思是"你们确定能在这么短的时间内游览这么多地方吗？"

150. de/por

考查短语"responder de/por"的用法，表示"负责，承担责任"。句子意思是"我警告你：如果你继续攻击我，你将不得不为可能发生的事情负责"。

第三部分 冠词填空

根据需要将冠词或前置词与冠词的缩合形式填入空格内。

1. /
en honor de 意为"欢迎……"，因此不需要使用冠词。

2. la
该句句意为"虽然小女孩那时只有五岁，但是可以数到 100 了"，因此需要加定冠词 la。

3. los
当我们谈论惯常行为的时候，可以使用"复数定冠词 los+ 星期几"来表达。

4. la
该句使用了短语"condenar a uno a +tiempo en la cárcel"，意为"判处某人多长时间的监禁"，cárcel 为阴性名词，因此使用单数定冠词 la。

5. /
此处考查 a principios(comienzos)（finales）de，意为"在……之初（之末）"，不需要使用冠词。

6. el
此处考查"hacer el viaje"的结构，意为"去旅行"，因此使用 el。

7. /
此处考查短语"cambiar de algo"的结构，意为"改变……"，后面一般不加冠词，如 cambiar de idea（改变主意）、cambiar de profesión（换职业）。

8. el
mapa 为阳性名词，句意为"你们把桌子上的世界地图挂起来"，因此使用定冠词 el。

9. la
radio 作为阳性名词时意为"（数）半径"，作为阴性名词时意为"广播电台，收音机"，该句意为"我是在广播上知道这个消息的"，因此使用阴性单数定冠词 la。

10. /
此处考查"hablar(llamar) a uno por teléfono"的结构，意为"给某人打电话"，不需要使用冠词。

11. El
cabeza 作为阳性名词时意为"家长，一家之主"，作为阴性名词时意为"头部"，该句意为"冈萨雷斯的一家之主让家人都聚集在广场上"，因此使用 El。

12. /

此处考查 "tomar a uno por otro" 的结构，意为 "把某人当成……"，一般不使用冠词。

13. la
该句意为 "在餐厅（食堂），午饭供应是在 12 点到 1 点半之间"，此处表时间，当时间未超过两点时，使用阴性单数定冠词 la。

14. una
hipótesis 为阴性名词，该句意为 "你可以大胆假设一下吗？" 因此使用阴性不定冠词 una。

15. una
una sala más grande que esta 意为 "比这个更大的一个厅"，存在比较级，因此使用 una。

16. el
该句意为 "这几天我心脏疼"，corazón（心脏）唯一，因此使用定冠词 el。

17. /
该题考查 "en plena noche" 的结构，意为 "大半夜，深夜"，是固定搭配，不需要使用冠词。类似还有 en pleno día（大白天，光天化日之下），en pleno verano（盛夏），en pleno invierno（寒冬），en plena calle（当街）等。

18. el
该句考查 "imponer el orden" 的结构，意为 "维持秩序"。el orden 为 "秩序，顺序"，la orden 为 "命令"，且复数形式为 órdenes。

19. la
该句考查 "a la derecha（izquierda）de algo（uno）" 的结构，意为 "在某物（某人）的右边（左边）"，为固定短语，因此使用 la。

20. el
该句考查 "impedir el psao a uno" 的结构，意为 "阻挡某人的步伐"，使用阳性定冠词 el。

21. un
短语 dar un vistazo a... 意为 "看了（瞥了）……一眼"，因此使用不定冠词 un。

22. una
costumbre 为阴性名词，该句调序后应为 Preparar la comida es una costumbre muy interesante。后面有 muy interesante 修饰，前面需要用不定冠词比较合适，因此使用 una。

23. las
mano 为阴性名词，且 frotarse las manos（搓手）为固定短语，因此使用 las。

24. /
该句考查 "morir(se) de algo" 的结构，且 algo 前一般不用冠词。该句意为 "我要渴死了"，因此不填冠词。此外，还有如 morir de hambre（饿死了），morir de frío（冷死了）等。

25. la
lluvia 为阴性名词。该句使用了短语 a pesar de algo，该句意为 "虽然（当时）下着雨，士兵们仍然继续前进"，该处需要使用定冠词 la。

26. /

该句考查固定短语"a decir verdad"，意为"说真的"，不需要使用冠词。

27. /
该句考查"algo de color +adj."的结构，意为"什么颜色的东西"，color 前面不需要使用冠词。

28. la
luz 为阴性名词，短语 apagar la luz 意为"关灯"，应使用定冠词 la。

29. las
imagen 为阴性名词，该句意为"你能认出那些明星的样子吗？"因此应该使用阴性定冠词复数形式 las。

30. un
sabor 为阳性名词，且西语中常使用"un（una）+ 名词 +muy +adj."，意为"一个非常怎么样的物（人）"，因此使用不定冠词 un。

31. /
该句考查"tomar algo (a uno) como algo(otro)"的结构，意为"把某物（某人）当成……"，como 后面的词一般不带冠词，因此不填。另外，como 可以换成介词 por。

32. una
vez 为阴性名词，该句考查"de una vez"的结构，意为"一次性地"，因此使用 una。

33. la
nariz 为阴性名词，意为"鼻子"，为身体部位，此处表达"我鼻塞"，因此应该使用定冠词 la。

34. el
该句考查"hacerse el tonto"的结构，意为"装傻"，因此使用 el。

35. /
该句考查"poner(se) de acuerdo"的结构，意为"同意"，因此不需要使用冠词。

36. el
frente 作为阳性名词意为"前线"，阴性名词意为"额头"。该句句意为"在（战争）前线有很多死伤者"，因此使用阳性定冠词 el。

37. la
figura 为阴性名词，该处结构为"定冠词 + 名词 +más+ 形容词"，是相对最高级的结构，因此使用 la。

38. el
该句考查"el año que viene"的结构，意为"明年"，因此使用阳性定冠词 el。

39. /
该句考查"a primera vista"的结构，意为"第一眼或一眼"，因此不使用冠词。

40. las
golosina 为阴性名词，"todos los+ 阳性复数名词"或者"todas las+ 阴性复数名词"表示"全部，所有"，因此使用阴性定冠词 las。

41. el
该句意为"Marcos，Adrián 和 Casimiro 一直针锋相对，他们的主要目的就是想证明谁是最好的。""定

冠词 +mejor" 为最高级结构，因此使用 el。

42. la
该句考查 "toda+ 阴性单数定冠词 + 阴性单数名词" 的结构，此句 toda la gente 意为 "所有人"，因此使用阴性定冠词 la。

43. la
该句考查 "ser el primero en hacer algo" 的结构，意为 "第一个做某事的人"，el 和 primero 需要和主语保持性数一致，该句主语为 Ninguna，因此使用 la。

44. los
该句考查 "hacer algo entre unos" 的结构，意为 "大家一起做某事"，主语为 Marcos，全句意为 "他说：我们可以一起做这件事"，因此使用 los。

45. una
该句考查 "echar (dormir) una siesta" 的结构，意为 "睡午觉"，因此使用 una。另外，siestecita 为 siesta 的指小词。

46. los
dientes 为 "牙齿" 的复数形式，指人的口腔的器官，因此应使用定冠词 los，perder los dientes 意为 "牙齿脱落"。

47. /
介词 de 后面表示内容材质等时，不需要使用冠词，"pasteles de chocolate" 意为 "巧克力蛋糕"。

48. las
该句考查 "A ____ cinco menos cuarto del reloj"，表示时间 4：50，时间前面用阴性复数定冠词 las。

49. el
agua 为阴性名词，但是西班牙语中以 a 或者 ha 开头，且重音也在 a 或者 ha 上面的阴性名词，冠词应使用阳性，因此使用 el。

50. una
该句考查 "echar una mirada a su alrededor" 的结构，意为 "向周围看了一眼"，因此使用 una。

51. la
该句考查 "perder la paciencia" 的结构，意为 "失去耐心"，因此使用 la。

52. el
alma 为阴性名词，但是西班牙语中以 a 或者 ha 开头的阴性名词，且重音也在 a 或者 ha 这个音节上应使用阳性冠词。该句中 con toda el alma 意为 "衷心地，诚心地"，因此使用 el。

53. la
labor 为阴性名词，且是 "工作，活儿" 的总称，因此使用 toda la labor。

54. /
该句考查 "deber un favor a uno" 的结构，意为 "欠某人人情"，该句中使用 grandes favores 指的是 "大人情"，因此不需要使用冠词。

55. El
el señor cura 意为 "主教先生"，cura 阳性为 "主教"，阴性为 "治疗，治愈"。此处为句首，因此使用

El。

56. /
该句考查"llover a cántaros"的结构，意为"瓢泼大雨"，不需要使用冠词。

57. el
problema 是阳性名词。该句是指"……只有几个人已经解决了这个问题"，句中的问题是特指，因此使用阳性单数定冠词 el。

58. los
西班牙语中 cual 不能单独使用，共有以下几种形式：el cual，la cual，los cuales，las cuales 和 lo cual，本句中 los cuales 指的是 21 países，因此使用 los。

59. la
liebre 是阴性名词，指的是"熟睡的那只兔子"，因此使用定冠词 la。

60. las
该句考查"jugar a las cartas"的结构，意为"打牌"，因此使用定冠词 las。还有类似短语：jugar al baloncesto（打篮球），jugar al ajedrez（下棋）。

61. la
该句考查"colger a uno de la mano"的结构，意为"抓住某人的手"，mano 为阴性名词，因此使用 la。

62. Las
该句意为"形成谷仓地板的木板上有一个小洞"，且在句首，因此使用 Las。

63. los
该句考查 los demás 的用法，可以单独使用替代前面名词，也可以加名词一起使用，需要与替代或者修饰名词保持性数一致，如 los demás chicos、las demás mesas。该句中后面的名词时 ratones，因此使用 los。

64. un
idioma 是阳性名词。西语中常使用"un（una）+ 名词 +muy +adj."结构，意为"一个非常怎么样的物（人）"，因此使用不定冠词 un。

65. /
aviones de papel 意为"纸飞机"。西班牙中 de 后面可以表示内容或者材质，不需要使用冠词。

66. la
该处结构为"定冠词 + 名词 +más+ 形容词"，是相对最高级的结构，该句意为"你是世界上最慢的动物"，因此使用阴性定冠词 la。

67. un
águila 为阴性名词，但是西班牙语中以 a 或者 ha 开头的阴性名词，且重音也在 a 或者 ha 这个音节上应使用阳性冠词；而且西语中常使用"un（una）+ 名词 +muy +adj."结构，意为"一个非常怎么样的物（人）"，因此使用不定冠词 un。

68. el
dinero 指"钱财"，一般是统称，因此使用定冠词 el。

69. un

该句 en el nido no se veía ni solo grano 意为"在那个洞里连一颗谷物都没有看到"，因此使用不定冠词 un。

70. los
短语"todos los + 阳性名词复数"或者"todas las + 阴性名词复数"，意为"所有的人或者物"。该句是指"所有的角落"，因此使用 los。

71. los
该句考查"a +los+ 年龄"的结构，指的是"某人多少岁的时候"，因此使用 los。

72. la
tesis 为阴性名词。该句意为"他正写的那篇论文是关于西班牙文化的"，因此使用 la。

73. una
síntesis 为阴性名词，意为"综合，概括"。该句意为"你能概括一下拉美文化吗？"因此使用 una。

74. una
该句意为"这是一个被城墙包围的城市，非常漂亮，也非常繁荣，因为它有一个重要的港口"，因而使用 una。

75. los
此处 los animales 指的是"动物们"，因此使用 los。

76. el
planeta 为阳性名词，el Planeta Rojo 意为"火星"，因此使用 el。

77. la
honradez 是阴性名词。该句意为"我们年轻人拥有最大的财富就是健康和正直"，因此使用 la。

78. el
本句中有 los dos amigos，其中 uno（一个）赢了，否则就是另外一个，因此是特指，需要使用定冠词 el。

79. el
根据前文内容，该句中_____ que viene 是省略了名词 año，因此使用 el。

80. la
ley 为阴性名词，_____ ley de extranjería 意为"外交法"，因此使用 la。

81. /
此处考查"a principios(comienzos)(finales) de"的结构，意为"在……之初（之末）"，不需要使用冠词。

82. los
该句是对比句，意为"你是想说现代的奥运会和古代的奥运会没有关系吗？"因此使用 los。

83. /
该句考查"guardar silencio"的结构，意为"保持沉默"，不需要使用冠词。

84. un
tema 为阳性名词。该句使用了 tan...que，句子意为"这是一个非常特殊的话题，没有人愿意去谈论它"，因此使用 un。

85. /
该句考查 "estar pálido de frío" 的结构, 意为 "冷得脸色发白", de 介词后表原因, 不需要使用冠词。

86. la
parte 在此处为阴性名词, 意为 "部分", la mejor parte 为最高级结构。该句意为 "近水楼台先得月"。

87. la
muerte 为阴性名词, 意为 "死亡, 去世", 因此使用 la。

88. El
el árbol de Navidad 意为 "圣诞树", 为一类事物, 因此使用 el, 在句首需要大写。

89. el
el Nuevo Mundo 意为 "新大陆", 因为使用定冠词 el。

90. un
en un comienzo 为固定短语, 意为 "一开始", 因此使用 un。

91. la
luz 阴性名词。se fue la luz 意为 "停电了", 因此使用 la。

92. un
fantasma 为阳性名词。该句意为 "他给他的父母说他看到了一个幽灵", 因此使用 un。

93. los
idioma 为阳性名词, 该句意为 "众所周知, 西班牙语是世界上最重要的语言之一", 因此使用 los。

94. El
clima 为阳性名词, 该句意为 "这个地区的气候在不同的季节变化很大", 因此使用 el。在句首需要大写。

95. las
por 和 que 中间不能省略冠词, 根据前文内容, 此处应替代的的 todas las cosas buenas, 因此使用 las。

96. el
paraguas 为阳性单数名词。llevarse el paraguas 意为 "带雨伞", 因此使用 el。

97. la
该句意为 "只需在不使用电视、DVD 或计算机时关闭它们, 就会阻止数千公斤的二氧化碳进入大气", 因此使用 la。

98. un
该句意为 "大约 90% 的情况下, 过敏都是由某种特定的食物引起", 属于不确定的概念, 因此使用不定冠词 un。

99. la
frente 阴性名词意为 "额头", 阳性名词为 "前线", 该句是指 "妈妈摸了女儿的额头", 因此使用 la。

100. las
该句意为 "在家里, 不乏有地图集、词典和百科全书", enciclopedias 与 atlas 及 diccionarios 为并列名词, 且是阴性名词, 因此使用定冠词 las。

第四部分 单项选择

从每题所给的 A、B、C、D 四个选项中选出最佳选项。

1. B
先行词 hotel 在从句中做地点状语, 因此应选择 donde, 为地点状语从句。此外除了用 donde, 还可以使用 en (el) que。

2. A
本题考查副词比较级用法。题干句意为"很明显比起她丈夫, 埃莱娜更担心猫", 因此选 A。另外三个副词比较级句型为: menos que, mejor que 和 peor que。

3. C
根据题干句意"由于青年时期的车祸, 艺术家在她的一生中承受了巨大的生理疼痛", 因为 accidente 是名词, 因此选择 a causa de, 近义词短语为 debido a。此外, porque 和 como 都可以引导原因从句, 但是 porque 引导的从句位于句中, como 引导的从句位于句首。

4. C
本题句意为"我表哥比我大两岁", 这句话用西班牙语可以有两种表达方式, 分别为 Mi primo es dos años mayor que yo 或 Mi primo tiene dos años más que yo, 所以选择 C 选项。

5. D
本题句意为"我的弟弟们总是和沙发玩。当我父母不在家时, 他们会在沙发上跳来跳去"。先行词 el sofá 在从句中做地点状语, 并且为阳性名词, 因此选择 sobre el que。

6. B
考查 si 引导的条件状语从句中时态的搭配使用。首先排除掉 A 选项, 因为 si 引导的条件状语从句中不能使用虚拟式现在时。C 选项中如果第一个空填 tengo 一般现在时, 主句应用陈述式将来时, 因此错误。D 选项中如果第一个空填 tuviera 虚拟式过去未完成时, 那么根据句意, 主句应对应使用简单条件式, 表示不现实、不可能或极少可能出现的条件, 因此也错误。综上所述, 应选择 B 选项。

7. D
本题考查短语 no....sino (que).... 用法, 意为"不是……而是……"。no....sino 后加名词, 而 no....sino que 后则加从句。

8. C
本题考查关系代词用法。句意为"一年前她开始经常去参加文学讲座, 在讲座上认识了她的丈夫", conferencias 为阴性复数名词, 因此要用定冠词 las 指代, 而同时根据句意前面应加上相应介词 en, 才能完整表达意思, 因此选 C。

9. A
常用句型 ¿En qué puedo servir/ayudarle? 表示"我能帮您什么吗?"。

10. B

考查否定连词 ni 的用法。no....ni....ni 表示"既没……也没……"，本题句意为"今天家里没有水也没有电"。

11. A

固定搭配 hacer un recorrido por un lugar 表示"走遍某地"，相当于 recorrer un lugar。

12. A

考查介词 de 的用方法。短语"de + 年龄"表示"多少岁的"。

13. C

考查结果状语从句。句意为"电影如此无聊以至于我睡着了"，因为 aburrida 为形容词，因此应用 tan……que……。其他结果状语从句用法分别为：动词 + tanto que，tanto/a(s) + 名词 + que。

14. D

本题句意为"当我们走近广场时，看到很多人聚集在那里"，这里的"聚集"表示状态，因此应用过去分词。此外，过去分词修饰的 mucha gente 为阴性单数，因此选择 D。

15. D

本题考查两组动词 encender, apagar 和 abrir, cerrar 的区别。encender 表示"点燃；打开（电器电源类）"，apagar 表示"熄灭；关闭（电器电源类）"。abrir 和 cerrar 也有"打开"和"关闭"之意，但一般指门窗等，因此选择 D 选项。

16. C

固定搭配 ser capaz de hacer algo 或 tener capacidad de hacer algo，表示"有能力做某事"，题干中动词是 son，因此应选用第一个句型。此外，capaz 复数形式应为 capaces，因此选 C。

17. C

本题句意为"雨下得很大，孩子们没有任何可能上街"。因为是否定句，所以选择否定形式的不定代词或形容词，排除 A。此外，修饰阴性名词 posibilidad，因此应该用 ninguna。

18. B

固定搭配 coger de la mano a alguien，表示"牵起某人的手"。本题句意为"女孩儿牵起老奶奶的手以便于帮助她穿过马路"，第二个空格处表示目的，因此应用介词 para。

19. B

考查动词 mirar 和 ver 的区别。mirar 表示"看"，强调过程；ver 表示"看到"，强调结果。根据句意"处于危险中的姑娘看了看她四周寻求帮助，但是没看到任何人"，因此第一个空格处选 mirar，第二个选 ver。此外，这里动词表示过去两个连续性的动作，因此两个动词都应该用陈述式简单过去时。

20. A

本题句意为"刚躺在沙发上，我爸爸立马就睡着了"，"躺在睡沙发上"这里强调状态，因此应用过去分词，因为修饰的是 mi padre，因此用 echado。此外，"睡着"是 dormirse，而 dormir 表示"睡觉"。

21. C

根据句意"你在找什么？你的书包吗？你哥哥拿走了"，"拿走"是 llevarse，而 llevar 表示"带去，送"。tu mochila 为 llevarse 的直接宾语，应用宾格代词 la 指代，因此选择 C 选项。

22. A

"en caso de que + 虚拟式"表示"在……情况下"。主句用将来未完成时，因此从句用虚拟式现在时，故选择 A。

23. A

题干句意为"特蕾莎对西班牙文学很感兴趣，我也是"，interesar 为使动用法动词，同 gustar，因此在表达"我也是"时，"我"应该用 a mí，而不是主格人称代词 yo。

24. D

当宾格代词和与格代词同时使用时，与格代词位于宾格代词之前。如果两者都是第三人称时，与格代词 le 或 les 要变成 se。在本题中直接宾语是 el documento，应用宾格代词 lo 指代，间接宾语为 su jefe，应用 le 指代，但因为都是第三人称，因此 le 应变为 se，同时 se 在前，lo 在后，选择 D 选项。

25. B

考查 si 引导的条件状语从句中时态的搭配使用。首先排除掉 A 选项，因为 si 引导的条件状语从句中不能使用虚拟式一般现在时。B 选项从句为一般现在时，主句表示将来的动作，用陈述式将来未完成时，正确。C 选项从句为虚拟式过去未完成时，根据句意，主句应搭配使用简单条件式，因此错误。D 选项从句为一般现在时，主句表示将来的动作，应用陈述式将来未完成时，因此错误。

26. C

acabar con 表示"消灭"，"acabar de + inf."表示"刚刚做某事"，"acabar por + inf."表示"终于做某事"，acabar 表示"完成，结束"。根据题意"经过一场艰难的讨论后，他终于接受了我们的建议"，因此选 C。

27. D

solo 既是形容词也是副词，当做形容词时，表示"独自"，可用作双重补语，与修饰的名词保持性数一致。当做副词时，表示"仅仅，只"，无性数变化，相当于 solamente。本题句意为"根据消息，一个月间没有人发现这个女人失踪了，她好像是独自居住"，因此选 D。

28. B

本题考查形容词比较级用法。tan...como... 表示同等级，más...que... 表示较高级，menos...que... 表示较低级，因此根据选项，只能选 B，句意为"左边的女孩儿比右边的女孩儿高"。

29. A

"estar seguro/a(s) de que + 陈述式"表示"确信，有把握做某事"，如果主从句主语一致的情况下，则为"estar seguro/a(s) de + inf."。根据句意"我相信他们会帮助我的"，从句表示将来的动作，因此用陈述式将来未完成时。

30. A

"sentirse triste de que + 虚拟式"表示"某人很伤心做某事"，主句动词 me sentí 为简单过去时，因此从句应用虚拟式过去未完成时。

31. D

planta 在此处意为"楼层"，"在哪一层"应用 en qué planta。

32. B

本题考查"llevar + 时间 +P.P."的用法，表示"处于某种状态多长时间了"。本题句意为"我们搬到新家两年了"，instalarse 意为"安家，定居"，词意决定了其不能表示动作的持续，而只能表示状态的持续，因此要用过去分词，而不能用 gerundio。同时，过去分词修饰主语名词 nosotros，因此用复数形式。

33. A

短语"hacerse + 定冠词 +adj."表示"假装"，定冠词性数和主语名词保持一致。本题句意为"当熊走近时，小伙子装死"。

34. C

本题考查 tratar(se) 用法。tratar 意为"对待, 处理, 治疗"; tratar con alguien 表示"和某人来往"; "tratar de + inf."表示"试图做某事"; "tratar de + 名词"表示"谈论, 涉及, 关于"; se trata de 表示"说的是, 指的是", 用单数第三人称表示无人称句。本题句意为"这部小说是关于农民生活的", 因此选 C。

35. B
本题第二句句意为"不不, Raquel 说音乐会是在九点半", 动词应该用 ser, 同时在本句中, 动词主语是 el concierto, 为第三人称单数, 与后面的时间状语单复数无关。A 是误选项。

36. A
本题考查基数词和序数词的使用。第一句意为"这个酒店有十层", 应用基数词 diez; 第二句意为"在(第)十楼有一个大游泳池", 应用序数词, 并与名词 piso 保持阴阳性一致。

37. D
"a menos que + 虚拟式"表示"除非……"。

38. A
本题考查数字 millón 的用法。millón 后面直接跟名词时, 需用 de 链接, 但是如果后面还有其他数词, 则不用 de。因此本题选 A。

39. C
A 选项表示"和……接触", B 选项表示"当……面", C 选项表示"对……有利的, 赞成, 支持", D 选项表示"与……对比"。本题句意为"被采访的妈妈们都支持不带手机到课堂", 因此选 C。

40. A
固定搭配 equivocarse de 表示"搞错, 弄错……", 后半句意为"由于疏忽错过了飞机", 因此应选择介词 por。

41. C
"sentirse + 形容词"和"sentir + 名词"这两个短语都表示"觉得, 感觉……"。而题干中 sueño 意为"睡眠, 睡意, 梦", 是名词, 因此应选择 sentir 搭配, 时态和后面并列句中动词时态保持一致, 用陈述式简单过去时。

42. B
一般情况下, 当主句动词是单一人称系表结构 ser posible, ser necesario, ser importante 等时, 从句中使用虚拟式。但当系表结构中形容词表达的是肯定、确切之意时, 从句应使用陈述式。本题中 evidente 意为"明显的, 无可置疑的", 有肯定、确切之意, 因此应使用陈述式。类似的形容词还有 seguro (肯定的), claro (清楚的, 明白的), exacto (准确的, 确切的), cierto (真实的), indudable (毫无疑问的) 等。

43. D
本题考查固定搭配 impedir a alguien hacer algo, 表示"阻止某人做某事"。

44. B
a pie 表示"徒步地, 步行地", de pie 表示"站立"。本题句意为"她 / 他无法站立, 不得不坐下来, 因为腿特别疼"。

45. A
本题考查分数的表达。表达分数时, 分子用基数词, 分母用序数词 (二分之一、三分之一分母除外)。与 parte 连用时, 分母序数词与后面的名词 parte 保持性数一致, 并添加冠词, 因此"三分之二的大楼"西语表达应为 dos tercios 或者 las dos terceras partes de los edificios。注意"二分之一的……"为 la mitad de...; "三分之一的……"为 un tercio/una tercera parte de/la tercera parte de...。

46. C

本题考查动词 deber 用法。deber 意为"欠"；"deber + inf." 表示"应该做某事"；"deber de + inf." 表示"想必，大概"。此外，deber 还是名词，意为"责任，义务，债务"，复数形式 deberes 为"作业"。

47. C

本题考查过去分词和副动词的用法。句意为"坐在沙发上，埃莱娜继续给她父母打电话"。sentarse（坐下）为瞬间动词，应用过去分词表示状态的持续，并与所修饰的主语 Elena 保持阴阳性一致。"seguir + gerundio"表示"继续做某事"，"seguir + P.P."表示"继续处于……状态"，因此 llamar 应用 gerundio。

48. C

junto a 表示"靠近……"，junto con 表示"和……一起"，这两个短语中 junto 都是副词，无性数变化。本题句意为"我们不喜欢坐靠门的桌子"，因此选 C。

49. D

本题句意为"我侄子特别专心于工作以至于甚至都忘了吃饭"。olvidar hacer algo 表示"忘记做某事"；olvidarse de hacer algo 表示"忘了做某事"，而 olvidar(se) 为瞬间动词，因此要用陈述式简单过去时。

50. A

costar 意为"花费，耗费"，是使动用法，物做主语。gastar 意为"花费"，但是是主动用法，人做主语，句型为 gastar...en...，意为"某人在……方面花费……"。因此本题第一个空应选择动词 costar，主语为 este mueble，第三人称单数；第二个空选动词 gastar，主语为 Juan.

51. B

本题考查关系代词用法。根据句意"在床上发现了一把刀，有人用这把刀杀害了这位女士"，题干句子为解释性定语从句，从句先行词为 un cuchillo，因此要用定冠词 el 指代，同时，根据句意，需要添加介词 con 才能保证句意的完整。

52. A

estar dispuesto a hacer algo 表示"准备好做某事"；a condición de 表示"只要，在……条件下"，同时注意"a condición de que + 虚拟式"。

53. B

本题考查"antes de que + 虚拟式"的用法，表示"在……之前"，如果主从句主语一致，则直接加动词原形。

54. D

本题考查"lo+adj."的代词化用法。如果是"lo+adj.+que"引导的定语从句结构，此时形容词应与从句中所修饰的名词保持性数一致。如果是"lo+adj.+de"结构，那么此时形容词永远用阳性单数形式，无性数变化，例如：lo sabroso de las comidas。

55. A

limitarse a hacer algo 表示"仅仅，局限于做某事"，近义词短语为 reducirse a hacer algo。而动词 limitar 意为"接壤，划定界限"。

56. B

本题考查"permitir a alguien que + 虚拟式"的用法。主句动词 permitieron 为过去时态，从句动词动作未完成，因此应用虚拟式过去未完成时。

57. A

首先，短语"hace falta que + 虚拟式"表示"需要做某事"，相当于"es necesario que + 虚拟式"。其次，

puesto que 意为"既然，因为，由于"，引导原因从句，后面跟陈述式，因此选 A。

58. D
本题考查定语从句先行词不确定时，从句用虚拟式的用法。alguien 为定语从句先行词，不确指，因此从句应用虚拟式。此外，因为主句动词 necesitaba 为过去时态，从句动作未完成，因此用虚拟式过去未完成时。

59. C
cantidad 意为"量，数量"，número 意为"数字，数量"，montón 意为"堆，大量"，cifra 意为"数字，数目"。"un montón de + 名词复数"表示"一堆……，大量……"，相当于"una gran cantidad de + 名词复数"或"un gran número de + 名词复数"，因此选 C。

60. B
固定搭配 confiar en 表示"相信，信任，信赖"。

61. A
考查介词 para 表示"时间，期限"时用法，此时，para 加表示将来的时间。类似表达还有：Lo dejamos para mañana. 我们把它放到明天做吧。Volveremos para el octubre. 我们 11 月回来。

62. D
con frecuencia 和 con constancia 都表示"经常地"，相当于 frecuentemente 和 constantemente；a menudo 表示"经常，时常"，但是频率比前两者低；de vez en cuando 表示"时不时，偶尔"。根据句意"我在大学认识她的，现在偶尔也会见到她，虽然我们很少会在一起"，因为后面的 aunque，因此要选择频率相对低一些的表达，即 D 选项。

63. B
pensar en alguien 表示"想念，思念某人"，pensar en algo/hacer algo 表示"想着某事 / 想着做某事"，pensar de 表示"看待"，pensar hacer algo 表示"想，打算做某事"；sin pensar 表示"不假思索地"。本题句意为"你在想什么呢? 好像忧心忡忡的"，因此选 B。

64. D
cuando 引导的时间从句中使用了 llegue，虚拟式一般现在时表示将来的动作，而主句 estar 动作未完成，因此应用陈述式将来未完成时。本题句意为"当我到机场时，旅行社的人将在等我"。

65. A
本题考查 hasta que 引导的时间从句用虚拟式表示将来的用法。本题句意为"你不要问我，直到我能告诉你所有真相"，从句是将来的动作，在时间从句中要用虚拟式表示将来。

66. C
固定搭配"cambiarse de + 服饰"表示"换……"。另外，cambiar algo 表示"改变……"，此时 cambiar 为及物动词；cambiar de algo 表示"改变……"，此时 cambiar 为不及物动词；cambiar... por... 表示"把……换成……"，cambia ... en... 表示"把……（货币）换成……（货币）"。

67. D
本题考查短语辨析。题干句意为"很多人认为家务工作很少并且容易做，相反办公室工作很艰巨"，因此根据句意，应选择 en cambio。respecto de 表示"有关，关于"，en vano 表示"白白地，徒劳地"，por poco 表示"险些，差一点"。

68. A
本题考查"a alguien le cuesta creer que + 虚拟式"的用法，表示"某人很难相信……"。表示思维、判断等的动词接直接宾语从句时，如主句是否定，则从句中使用虚拟式。

69. D

disponer 意为"安排，布置，准备"，disponerse a hacer algo 意为"准备好做某事"，本题句意为"戴眼镜的先生对秘书说给我准备一间办公室"，因此动词应该选择 disponer。此外，本题中 dijo 有祈使、命令的语气，因此从句应使用虚拟式，而主句动词 dijo 为过去时态，从句动作未完成，因此应用虚拟式过去未完成时，选 D。

70. B

dudar que + 虚拟式，no/nadie dudar que + 陈述式。proponer hacer algo 表示"建议做某事"，proponerse hacer algo 表示"准备、打算某事"，因此根据句意应选择 se proponía。

71. C

contar con 表示"拥有，指望"，本题句意为"我明天要在家办场聚会，我可以指望胡安在厨房帮我吗"。contarse entre 表示"是……知音，在……之列"。

72. A

本题考查"a alguien le molesta que + 虚拟式"的用法。主句动词 molestó 为过去时态，从句动作已完成，因此应用虚拟式过去完成时。句意为"安东尼奥很不高兴我们之前没有告诉他那件事情"。

73. D

本题考查 parecer 和 parecerse 词意和用法。parecer 意为"觉得，认为"，使动用法；parecerse a 意为"和……相似、相像"，其过去分词 parecido a 也有相同含义。本题句意为"在西班牙庆祝这个节日的方式和其他国家相似"，因此应选择 se parece a。

74. B

本题考查直接宾语前置时，需用宾格代词对其进行复指的用法。本题中 el periódico 为动词 compró 的直接宾语，并且前置了，因此用宾格代词 lo 对其进行复指。

75. B

本题考查"fingirse + adj."的用法，表示"假装……"；"fingir + inf."表示"假装做某事"，mareado 是形容词，意为"晕的"，因此动词应选择 fingirse。句意为"因为他不想参加比赛，因此装晕"，fingirse 为原因从句的结果，因此在本题中要用简单过去时。

76. C

短语 ocurrírsele a uno algo/hacer algo 意为"某人突然想起某事 / 做某事"，在这个句型中，ocurrirse 主语为 algo 或 hacer algo，与格代词 me, te, le... 指明人称，因此选 C。

77. D

本题考查 faltar....para algo/hacer algo，意为"差……到……/ 差……做某事"。本题句意为"距离春节还差三天"，主语为 tres días，动词 faltar 变为第三人称复数。

78. A

本题句意为"电影院因疫情关闭了。如果不是这样的话，我们就可以看最喜欢的导演的新电影了。""电影院关闭"是事实，而做与现在事实相反的假设，是不现实、不可能或极少可能出现的条件，因此 si 引导的条件状语从句中主句要用简单条件式。

79. B

本题句意为"任何看见过长城的人，想必都会惊讶于它的宏伟"。cualquiera 作为定语从句中的先行词，不确指，因此从句使用虚拟式，而根据句意，从句动作已完成，因此要用虚拟式现在完成时。

80. A

本题考查 si 引导的条件状语从句中虚拟式过去完成时和复合条件式的搭配使用，表示对已经发生的事情做不符合事实的设想。因为从句使用 hubierais visto，因此根据句意主句应对应使用复合条件式。此外，"admirarse de algo/inf. /que + 虚拟式"表示"某人惊讶于某事 / 做某事"，而 admirar 表示"使惊讶，使惊奇"之意时应是使动用法，同 sorprender, interesar 等。但是注意 admirar 还有"钦佩，赞美"之意，此时是主动用法。

81. B
本题句意为"他们走在商店之间，好奇地看着他们四周"，应用 gerundio 表示动作。

82. C
本题考查词汇辨析。句意为"我们已经下定决心接受他的邀请"，因此选 C。recibir 意为"收到，接待，迎接"，probar 意为"证明，表明，品尝，试验"。

83. B
本题考查 aun cuando 引导的让步从句中虚拟式的使用，意为"即便是"。因为主句动词 sobrepasaré 为陈述式将来未完成时，因此从句动词应搭配使用虚拟式一般现在时。

84. A
insistir en algo/hacer algo 表示"坚持某事 / 做某事"。

85. C
Si 引导的条件状语从句，从句中使用了 supiera 虚拟式过去未完成时，表示不现实、不可能或极少可能出现的条件，此时正常情况下，主句应对应使用简单条件式，但是本题一定要注意，主句中有一个表达 ayer（昨天），那么就说明主句是过去已经发生的事情，而对过去已经发生的事情做与事实不符的假设，要用复合条件式，因此选 C，而 A 为误选项。

86. C
dar a 意为"朝向"，dar con 意为"找到"。本题句意为"分给我的房间朝向一座风景秀丽的大山"。

87. D
表示"哪一个"，可以用"cuál(es), cuál(es) de + 名词复数"或"qué + 名词"，因此疑问词应选择 cuál(es)。此外，在本题中疑问词所指代的名词是 gustar 的主语，而题干中 gustar 为第三人称复数，因此可以知道主语应为复数形式，因此选 D，而不能选 A。

88. D
本题句意为"好无聊的小说呀，没必要继续看了"。根据常用习惯应该使用 tanto 或 tan。因为修饰形容词 aburrida, tanto 要用短尾形式 tan，因此选 D。

89. A
本题考查 si 引导的条件状语从句中虚拟式过去未完成时和简单条件式的搭配使用，表示不现实、不可能或极少可能出现的条件。

90. D
本题考查自复被动句用法，句意为"在我们大学教二十多种外语"，应该是"二十多种外语被教"，并且受事主语为第三人称复数，因此用 se enseñan。

91. C
本题句意为"Juana 问她弟弟是否藏了什么"，为直接宾语从句，主句为简单过去时，从句动作已完成，因此应用陈述式过去完成时。

92. B

句型 a alguien le basta/an algo para.... 表示"对某人来说……足够做某事了"。dos mil euros 为 bastar 的主语，因此应用第三人称复数。此外，basta con 意为"足够……"，basta de 意为"别再……"，这两个短语中，basta 永远用第三人称单数无人称句。

93. C

介词后面的人称，要用夺格形式：mí, ti, él/ella/usted, nosotros(as), vosotros(as), ellos/ellas/ustedes，但是注意 según, entre 和 hasta 除外，后面用主格人称代词。

94. A

本题考查"ocupar + 时间 + en algo/hacer algo"的用法，表示"用……时间于某事 / 做某事"，同类型句型还有"dedicar + 时间 +a algo/hacer algo"。ocuparse de... 表示"负责，承担……"，ocuparse en... 表示"忙于……"。

95. B

"pedir que + 虚拟式"表示"请求某人做……"。主句动词 pide 为一般现在时，从句动作未完成，因此应用虚拟式一般现在时，但是注意动词 dar 虚拟式一般现在时变位：dé, des, dé, demos, deis, den。本题句意为"上床睡觉前，我奶奶让我给她一个吻"，dar 主语为"我"，因此选 B。

96. C

本题考查 vengar 和 vengarse 的区别。vengar algo/a alguien 表示"为某事 / 某人报仇"，vengarse de algo/alguien 表示"向某事 / 某人复仇"。题干句意为"没有人愿意去警局作证，因为害怕罪犯向他们复仇"，因此此动词应该选 vengarse de。此外，"tener el miedo de que + 虚拟式"表示"担心……"，综上所述，应选择 C 选项。

97. C

"ser + 形容词"表示某人或某物一贯的特点或性质，"estar + 形容词"表示某人或某物暂时或非常态的特点或状态。本题句意为"Elena 很漂亮，但是今天穿着那条蓝色的裙子比之前更漂亮了"。第一句表示一贯的特点，因此用 ser，第二句中表示 Elena 今天在外力的作用下暂时的状态，因此应用 estar。

98. B

本题句意为"我向安东尼奥确认刚刚在电视上听到的消息是否是真的"。único 意为"唯一的，少有的"，cierto 意为"真的，确实的；某个，某些"，propio 意为"自己的，独特的，本人的"，reciente 意为"最近的，新的，刚刚发生的"。

99. C

dividir...en... 表示"把……分为……"，"antes de que + 虚拟式"表示"在某人做某事之前"。本题句意为"在上路之前，老师把学生们分成了几个小组"。

100. A

本题句意为"几年前我们经常来这个地方跳舞"，表示过去经常性、习惯性的行为应用陈述式过去未完成时。另外，因为 soler hacer algo 意为"经常做某事"，因此通常不用简单过去时。

101. C

第一个 de 表示修饰关系，sala de espera 意思是"等候室"；第二个 de 是固定搭配，"estar lleno de"表示"被……装满"。

102. D

"A qué hora..."是固定搭配，询问"在几点做某事"。

103. B

enterarse de algo 是固定搭配，表示"得知，知道某事"。

104. C

a menudo 是固定搭配，意思是"经常，时常"；soñar 是不及物动词，后面用 con 来连接名词、动词原形或者"con que+ 句子"，表达"梦见的具体内容"。

105. A

radicar 是不及物动词，与介词 en 搭配，意思是"在于"；de 在这里表示"内容"，la falta de recursos económicos 表示"经济资源的缺乏"。

106. D

从后面的 se fijen 的虚拟式现在时变位可以排除 por，并且 porque 表原因一定要连写，para que 引导目的状语从句；fijarse en 是固定搭配，表示"注视，注意"。

107. B

fiarse de alguien 是固定搭配，表示"信任某人"，本句意思是"所有人都信任塞西莉亚，这是因为她能使人们产生信任感"。

108. A

desde 表示"自从"。本句意思是"弗朗西斯科自从结婚之后改变了很多"；antes de 表示"在……之前"，引导时间状语从句时必须使用虚拟式。

109. B

depender 是不及物动词，与 de 连用，意思是"依靠，取决于"。本句意为"能否取得一个好的结果完全取决于你自己"。

110. B

pagar a escote 是固定搭配，意思是"摊付"。本句句意是"我和我的朋友们在餐厅吃饭时都是分别付自己的"。

111. A

no obstante 意思是"然而，但是"。本句意思是"你说得很对；然而，这也不是我们的错"。así mismo 意思是"同样，这样，也"，por consiguiente 意思是"因而，所以"，encima 意思是"在上面"。

112. B

de todos modos 意为"无论如何，不管怎样"。本句的意思是"我想我可能帮不到你，但不管怎样我都会听你说的"；por tanto 和 de ahí que 意思均为"因此，所以"，además 意思是"此外还"，均不符合句意。

113. D

así que 意思是"因此"。本句意思是"天气很冷，那么请你穿上大衣，戴上围巾"。por otra parte 意思是"另一方面"，además 意思是"除此之外"，aun así 意思是"无论如何"，均不符合句意。

114. B

sin embargo 意思是"然而，但是"。本句意为"我完全同意你的观点；但是我得确认一下"。es decir 意为"也就是说"，así mismo 意思是"同样，这样，也"，por cierto 意思是"顺便说一下；对了，说真的"，均不符合句意。

115. C

de todos formas 意为"无论如何，不管怎样"。本句意思是"我知道天气不好，一些道路也被关闭了。但无论如何，我已经决定这个周末去滑雪"。en consecuencia 意思是"因此"，该句并不是因为天气不好才要去滑雪，没有因果关系；en cambio 意思是"相反，然而，却"，有前后不同对比的含义，本句没有这个意思；por lo contrario 意思是"相反"，与 en cambio 是近义词短语。

116. B
de ahí que 意思是"因此，所以"，后面的动词要用虚拟式，符合从句中的 tenga 的用法。本句句意是"他是一个不善于交际的年轻人。因此经常与人发生矛盾"。por lo tanto 也是"因此"的意思，但后面用陈述式即可，与后面的 tenga 不符。

117. C
por consiguiente 意思是"因而，所以"，本句句意是"我们不能接受他们对我们要求的新价格；因此，我们决定不要他们的服务"。no obstante 和 por el contrario 意思都是"然而，但是"，aun así 意思是"无论如何"，均不符合题意。

118. B
en cambio 意思是"相反，然而，却"，有前后反差比较的含义，符合句意"我总是会弄错数字，而你，却是这方面的专家"。

119. C
本句是 que 主语从句，谓语动词是 importar，意思是"介意"，因此 que 引导的主语从句需要使用虚拟式，主句谓语动词 importar 是陈述式简单过去时，因此从句需要用虚拟式过去未完成时 dieran。本句句意为"我不介意授予我第二名，我之前甚至都不指望能进入决赛"。

120. B
otro idioma 意为"另外一种语言"；idioma 是阳性名词，故不用 otra；另外，不能使用 un otro 表达"另一个"，表达此意只用 otro 即可。

121. A
本题考点是"lo+adj."结构相当于一个名词，并且被一个由 que 引导的定语从句修饰，相当于一个感叹句，其次"con lo + adj. + que"在这里是一个让步结构，句子的意思是"尽管他那么帅，却没有女朋友"。

122. B
根据选项推断句子意思为"认识佩德罗时，我和第一任丈夫离婚不久"，"认识佩德罗"用 conocí a Pedro 表达，说明已经是过去的事情了，而"我离婚"是在"认识佩德罗"之前，是过去的过去，因此用过去完成时 me había divorciado。

123. A
"quedar en+ 动词原形"是固定搭配，意思是"约好做某事"。

124. C
cuyo 是表示所属关系的关系词，cuyo 必须与所属关系的名词保持性数一致，意思是"他的，她的，它的；他们的，她们的，它们的"，作为关系词连接先行词和从句，在从句中起形容词作用，也称为关系形容词。本句的主句是 La señora es jueza，cuyo 引导了定语从句，表示"她的丈夫是律师"。

125. C
por culpa de 意思是"由于……的过失"，con respecto a 意思是"与……有关"，en función de 意思是"根据，依照"，en busca de 意思是"寻找"。本句句意是"都怪交通堵塞，我们没能及时赶到"。

126. D
根据选项所给的单词意思推断句意为"由于当时是三点一刻了，你没有来，我以为我搞错了时间"。pensé 用简单过去时表示"我当时以为"，因此后面"搞错时间"应是过去的过去，因此使用过去完成时。

127. D

te he dicho 是"我跟你说"的意思，在本句里含有"命令，要求"的语气，因此宾语从句需要使用虚拟式。从 toda la comida 可以看出，这里应该用动词 comerse 表示"吃光"。

128. A

本句为否定句，应与表否定的不定形容词 ninguno 搭配使用，意思是"你的笑话让我觉得一点儿都不好笑"。

129. B

cualquiera 用作形容词，表示"任何一个的，任意的"，如果在名词前，无论这个名词是阴性还是阳性，都要用短尾形式的 cualquier，且不加冠词，如果在名词后，无论阴阳性都要用 cualquiera，并且名词前要加不定冠词，其复数形式为 cualesquiera。

130. D

hacer 表示"使某人做某事"时，宾语从句需要使用虚拟式，因此 B 和 C 都是错误的。表示"感觉……"时需要用"sentirse+ 形容词"或者"sentir+ 名词"的结构。incómoda 是形容词，因此只能用 me sintiera。

131. A

该句是宾语从句，主句动词使用简单过去时 dijo，从句表示的意思是"她将会来这个聚会"，因此使用简单条件式表过去的将来，故选 A。

132. B

本句使用 por más que 引导的让步状语从句的结构，从句使用虚拟式，表示"就算……也"，本句句意为"就算我吃再多也没法儿增加体重"。porque 引导原因状语从句，必须要连写；por tanto 意思是"因此"。

133. D

本题考点是"lo+adj."结构，相当于一个名词，并且被一个由 que 引导的定语从句修饰，中性冠词 lo 后面的形容词必须与从句中的主语保持性数一致，因此是 lo chismosa。

134. B

本题考点是 resultar 的用法。resultar 是不及物动词，意思是"结果是"。人做间接宾语，可使用动词原形做主语，用法同 gustar。因此本句 superar 作主语，te 是间接宾语，意思是"成为一名消防员所需要通过的测试对你来说简单吗？"

135. B

hasta 是"甚至"的意思。本句句意是"甚至我弟弟也知道如何回答这个问题，而他才三岁"。mientras 意为"与此同时"，siquiera 意为"即使"，como 意为"因为"，均不符合句意。

136. B

本题的考点是自复被动。句意是"这个乐队演唱会的票卖得很快"。Las entradas 是主语，并且是复数，因此需要使用复数第三人称的变位；ser vendido 是被动语态，ser 变位也需要跟随主语 las entradas 变为第三人称复数，vendido 也需要与主语保持性数一致。

137. D

"no tener más remedio que+inf."的意思是"没有其他办法只能……"，本句句意是"正在下着瓢泼大雨，我们没有没有别的办法，只能取消音乐会"。arreglo 是阳性名词，意为"整理，规则"；consuelo，阳性名词，意为"安慰，宽解"；cosa，阴性名词，意为"东西，物品，事情"，均不符合句意。

138. B

本题考查颜色在西班牙语俚语中的使用。ponerse morado 意为"酒足饭饱"；由第二句 "他怎么能吃那么多"可得知"他在宴会上酒足饭饱"。ponerse rojo 意为"脸红，羞愧"，没有 ponerse azul/verde 的搭配，有 poner verde a alguien 的搭配，意思是"训斥或者诋毁某人"。

139. C
本句考查 haber, estar 和 tener 的用法。haber 陈述式现在时变位为 hay，是无人称的"有"。一般与 en 搭配"hay...en..."，表示"在某地有……"。本句中 en esta calle 是地点状语，不是主语，因此不能使用 tiene；estar 表示"某物在哪里"，主语前需要有定冠词或者其他修饰限定成分，表示某物已知，而本句中 farmacias 前是数量，并不是确指"那两个药店"，因此不能使用 estar。

140. B
本题考查比较级的用法。比较级中被比较的一定是同类的两个事物，本句中主语是 Vuestros resultados，因此比较的是 resultados，que 后面需要连接的也是 resultados，因此 nosotros 作为主格人称代词被排除，los nuestros 指代 nuestros resultados，与前面的主语保持一致。

141. A
本题考查的是同等级比较句型：tanto...como... 意为"和……一样……"。

142. A
由第二句"我没有兄弟姐妹"可得知"我是独生女"，因此选择 A，hija única 意思是"独生女"。

143. D
本题考查词汇辨析。conservar 意为"保存"，comprar 意为"购买"，vender 意为"售卖"，reservar 意为"预定"；根据句意"你能在那个新的意大利餐厅预订一张双人桌吗？"因此选 D。

144. A
本题考查词汇辨析。suspender 意为"未取得……的及格成绩"，aprobar 意为"通过（考试）"，pasar 意为"通过，度过"，estudiar 意为"学习"。根据主句"我的父母会生气"得知，"如果我再有一门课不及格，我的父母会生气"，因此选择 suspendo。

145. A
comoter error 是"犯错"的意思，句意为"犯错也是学习的一部分"。

146. B
navegar por Internet 是固定搭配，意思是"上网"。

147. A
un ramo de flores 意思是"一束花"，符合句意"学期末，学生们给他们的老师送了一束花"。rama 意为"树枝，分支"，hoja 意为"树叶"，un poco de 意为"一点儿"，均不符合题意。

148. A
根据第一句"我忘带我的信用卡了"得知"我得用现金付款"，pagar en efectivo 意思是"现金支付"。

149. D
主句 perdimos 是 perder 的陈述式简单过去时的变位，因此本句都是过去的时态。用 aunque 表示"虽然"，本句句意是"虽然我们已经尽最大的努力了，但还是输掉了比赛"。puesto que 意思是"既然，由于"，como 意思是"因为"，都不符合主从句的逻辑关系。por más que 意思是"就算……也"，从句需要用虚拟式，不符合题干里的 esforzamos 的变位。

150. B
由 Estoy harto（我厌倦了）得知，"我不想继续再谈这个话题了"，因此选择 seguir discutiendo（继续讨论）符合题意。acabar de discutir 意思是"刚刚结束谈论"，dejar de discutir 意思是"放弃谈论"，cesar de discutir 意思是"结束谈论"，均不符合题意。

151. C

四个选项都是表达可能性"大概，也许"，句子中的变位动词使用 vienen，陈述式现在时的变位，因此只能选择 A lo mejor，其余三个表示可能性的短语后面要用虚拟式。

152. C

由后面的"伤害了我的同学"得知，这是"我被惩罚"的原因，因此选择表原因的介词 por。castigar a uno por hacer algo 意为"因为做了某事而惩罚某人"。

153. B

这是一个由 si 引导的条件句，主句动词 podremos 用了陈述式将来未完成时的变位，表示将来有可能出现的结果，符合条件句中遵循的"主将从现"的时态搭配，因此从句陈述式现在时 vienes。

154. B

本句考查不定代词的使用。nadie 意为"没有人"，用在否定句中，放在动词后面时动词前要加 no，也可以直接放在动词前不加 no 使用。本句中 vive 前加 no 否定了整个句子，符合 nadie 的用法，句意是"这个房子从很久之前就没有人住了"。alguien 意为"有人"，ningún 是 ninguno 的短尾形式，需要放在阳性单数名词前使用，alguno 是"某个，某人"的意思，均不符合句意。

155. D

本题考查 enamorarse de 和它的过去分词形式。estar enamorado de 是固定搭配，意思是"爱上某人"，因此选择 D。

156. C

本句考查不定代词的使用。nada 意为"什么也没有"，用在否定句中，放在动词后面时动词前要加 no，也可以直接放在动词前不加 no 使用。从句说"因为我们不知道他喜欢什么"，可以知道主句想说"我们给路易斯什么都还没买"。因此使用 nada 符合句子逻辑，也符合不定代词 nada 的用法。ningún 是 ninguno 的短尾形式，需要放在阳性单数名词前使用，algún 是 alguno 的短尾形式，也需要放在阳性单数名词前，是"某个，某人"的意思，nadie 是"没有人"，均不符合句意。

157. A

本题第一个考点是 más de 的用法，后面加名词，不是比较级的用法，意思是"多于……"；本句中 más interesante de 意思是"更有趣于……"，第二个考点是 más de 后面要加名词成分，因此使用"lo que + 定语从句"结构，等于一个名词成分。

158. C

本题考查动词词义辨析。句意为"我扫地的同时，你去把盘子洗了"，fregar platos 意思是"洗盘子"。

159. A

根据句意"每个周五我们都累得不想做饭，而是点外卖吃"，因此选 comida para llevar，这个固定搭配有"外卖"的意思。

160. A

本句考查动词辨析。由第一句"我在考试那天脑袋空空"可以得知"我想不起来我学的任何东西了"，因此选择 recordar，意为"想起，记起"。memorizar 意为"背下来"，olvidar 意为"忘记"，acordar 意为"商定，提醒"，单独使用没有"记起"的意思，acordarse de 的意思是"记起，想起"，与 recordar algo 相同。

161. A

hacer cola 是"排队"的意思，本句句意为"为了买票，我们排了两个小时的队"。

162. A

本题考查的是动词辨析。由第二句"我们将在几分钟内到达目的地"得知"飞机正在降落"，因此选择 aterrizar，有"降落"的意思。despegar 意为"起飞"，elevarse 意为"升高"，bajar 意为"下，降低，减少"，但没有飞机降落的意思。

163. A
cuyo 是表示所属关系的关系代词，cuyo 必须与所属关系的名词保持性数一致，意思是"他的，她的，它的；他们的，她们的，它们的"，作为关系词连接先行词和从句，在从句中起形容词作用，也称为关系形容词。因其后面所跟的名词是 hijos，阳性复数，故填 cuyos，形成了完整的非限定性定语从句。

164. B
ser increíble que 是单一人称结构，因此 que 引导的主语从句需要用虚拟式，又因主句动词是简单条件式，因此从句需要用虚拟式过去未完成时，句意是"我们竟然中了彩票的一等奖，太不可思议了"。

165. B
本句考点是由 por lo mucho/más que 引导的让步状语从句，从句需要使用虚拟式，意思是"就算……也"，从句中 insistiera 是虚拟式过去未完成时的变位，符合 por lo mucho/más que 的结构。句意是"就算他再坚称自己无罪，也没有人相信他"。

166. C
本句考查时态的用法，句意为"我向你保证，我再也不撒谎了"，"我保证"的内容是以后将要做的事情，因此宾语从句使用陈述式将来未完成时。

167. B
como para 经常与 para 替换使用，用来表示对某一特定结果、必要的程度或数量的预期。与 como 同时使用的作用是澄清第二层意思，避免与事物的目的相混淆。como para 经常与量词 tanto, demasiado, (lo) suficiente 和 bastante 一起出现；只要不引起混淆，como 通常可以省略而不改变意思。句意是"路易斯已经足够成熟，能够理解这种情况"。

168. A
本题考查词义辨析。第一句意为"你们不必整个下午都待在典礼现场"。"basta con que +subj." 结构的意思是"做……就足够"，本句句意是"你们只要出现一下就行"。

169. B
verse obligados a hacer algo 意思是"被迫做某事"，句意是"我们被迫争分夺秒地工作，因为上交期限已经非常近了"。

170. B
本题的考点是 más de 的用法，后面加名词，不是比较级的用法，意思是"多于……"，de 后面接"lo que necesitan"的定语从句结构，等于一个名词成分。本句句意是"他们购买的食品超过了他们所需要的"。

171. A
本题考查词义辨析。secuestrar 意思是"绑架"，句意是"据说百万富翁的儿子被绑架了"，因此需要用过去分词 secuestrado 表被动。

172. C
本句句意是"在西班牙说几种语言"，se hablan 的主语是 lenguas，使用自复被动，表示"多少种语言被讲"。

173. A
本句考查自复被动的用法。句意为"不好意思诸位，这里不能打电话"。本句的主语为 usar el móvil，动词原形作主语，因此用自复被动 se puede，puedes 和 puede 的主语分别是你和您，与 disculpen 的主语不一致。

174. A

本题考查的是与格代词的使用。Marisa 是第三人称单数，因此使用与格代词 le。tocar 用法同 gustar。

175. D

本句句意为"我们都是因为你的错误才输了比赛"，表示原因的介词用 por。

176. D

dirigirse a/hacia 意为"走向"，因此选择 hacia。本句句意为"出租车司机问我们要去哪里"。

177. A

en cambio 意思是"相反，然而，却"，有前后不同对比的含义，符合句意"我的妈妈喜欢甜口，而我的爸爸喜欢咸口"。por tanto 意思是"因此"，debido a 意思是"因此"，por eso 意思是"因此"，均不符合题意。

178. A

句意为"虽然天气很冷，但我们还是在酒店的露台上吃了晚饭"。puesto que 意思是"既然，由于"，como 意思是"因为"，si 意思是"如果"，均不符合题意。

179. B

dormido 是过去分词，当形容词用时需要副词来修饰，因此用 profundamente 修饰 dormido。

180. B

mal 是副词，malo 是形容词。副词修饰动词、形容词、句子和其他副词。因此"说他亲姐姐的坏话"这件事，应该用副词 mal 修饰；malísimo 是 mal 和 malo 的绝对最高级，单独使用，不能用 muy 修饰。

181. D

本题考查副词辨析。Habéis preparado 意思是"已经准备好了"，应该与 ya 搭配，句意为"你们已经准备好所有远足需要的东西了吗？"todavía 意为"仍旧"，aún 意为"还，仍，更加"，incluso 意为"甚至"，均不符合题意。

182. A

本题考查副词辨析。句意为"我们仍未签订工作合同"，todavía no 意为"仍旧没有……"，ya 意为"已经"，nunca 意为"从未"，tampoco 意为"也不"，均不符合题意。

183. C

本题考查虚拟式与条件式搭配使用。Yo que tú 意为"如果我是你"，相当于条件句"si yo fuera tú"，表示与现在状况完全相反，因此主句需要使用简单条件式，句意为"如果我是你，我会和他们谈谈以澄清情况"。

184. B

本题考查虚拟式与条件式搭配使用。在 si 引导的条件状语从句中，从句用虚拟式过去未完成时，主句用简单条件式，表示就说话时的状况而言，不现实，不可能或极少可能出现的条件和结果。本句中"如果你们处在我的位置上你们会怎么做？"主句已经使用了简单条件式，说明从句想要表达的"你们处在我的位置"是不可能发生的状况，因此使用虚拟式过去未完成时。

185. C

本句考查短语 a lo mejor 的用法。a lo mejor 意思是"可能，大概"，与陈述式连用，句意为"我不知道我们周六要去干什么，可能要去海滩"。因此使用陈述式现在时，ir a 表示"要去"。

186. B

gustar 的主语是 que 引导的从句，因此主语从句需要使用虚拟式；gustar 使用的是简单条件式，因此从句需要使用虚拟式过去未完成时与之搭配，故用 regalásemos。

187. A
这是一个由 Si 引导的条件句，主句动词 se sentirá 用陈述式将来未完成时的变位，表示将来有可能出现的结果，符合条件句中遵循的"主将从现"的时态搭配，因此从句陈述式现在时 come。句意为"如果您经常食用健康食品，您会感觉更好"。

188. B
本题考查的是 para que 引导的结果状语从句的用法。主句为"我昨天给你打电话"，使用了陈述式简单过去时，从句意为"为了让你告诉我你在课堂上做了什么"，使用了虚拟式过去未完成时，符合 para que 引导的主从复合句的时态搭配。hasta que 意为"直到"，ya que 意为"既然"，después de 意为"在……之后"，均不符合题意。

189. C
本题考查的是在时间状语从句表将来时虚拟式的用法。句意为"当你知道结果的时候，一定要通知我"，从 avísame 得知，是命令"你将来知道后一定要通知我"，因此主句含有"将来"的意思，那么时间状语从句需要用虚拟式现在时表将来。

190. D
句意为"我的分析结果什么时候出来？"说明结果还未出，因此使用陈述式将来未完成时，salir 的主语是 los resultados，它的陈述式将来未完成变位是不规则的，第三人称复数为 saldrán。

191. D
本题考查动词辨析。由"安娜是一个安静的好女孩"得知，"总之，她表现很好"。sentirse 意为"感觉"，llevarse bien con alguien 意为"与某人相处融洽"，pasarse 意为"投靠，过头"，均不符合题意。

192. C
句意为"你头疼怎么样了？"询问某人的身体状况，只有"encontrarse+adj."可以表示"身体状态如何"，因此选择 te encuentras。"ponerse+adj."意为"变得……"，tratarse 后面不加形容词或者副词，llevarse bien 意为"相处融洽"，均不符合题意。

193. B
句意为"虽然他不是生在西语国家，但是他西语讲的跟当地人一样"，aunque 意思是"虽然"，符合句子逻辑关系。en cambio 意为"然而"，como 意为"因为"，debido a 意为"由于，因为"，均不符合题意。

194. B
本句句意为"因为候诊室里除了我一个人也没有，我就提前进了医生咨询室"，介词 por 表原因，但是只能加名词或者名词类短语。aunque 意思是"虽然"，"siempre y cuando"意思是"只要"，需与虚拟式连用，均不符合题意。

195. B
句意为"路易斯昨天告诉我他今天将会晚到"。宾语从句中，主句用陈述式简单过去时，从句表过去的将来需要用简单条件式。

196. D
"está claro que + indicativo"表示"很明显"，虽然是单一人称结构，但 claro 意为"明显"，因此使用陈述式，排除 A 和 C 选项；句意为"很明显他们已经知道真相了"，因此从句使用现在完成时表示"已经知道了"。

197. C
本题考查副动词的用法。"andar+ 副动词"表示"到处奔走做某事"，"estar+ 副动词"表示"正在进行或发生的事情"，"llevar+ 副动词"表示"做某事持续多长时间"，"seguir+ 副动词"表示"继续做某事"，本句表达的意思是"诸位在这儿工作多久了"，因此使用"llevar+ 副动词"。

198. D
本题考查时间状语从句中表将来要用虚拟式的用法。主句动词 me iré 是陈述式将来未完成时，从句 atienda 是 atender 的虚拟式现在时的变位。"no...hasta..."意思是"直到……才……"，因此本句意为"直到主人接待我，我才会走"。

199. B
parecerse a alguien 意为"与……相像"，本句句意为"胡里奥和他的爷爷长得很像"。

200. B
sin vuestra hospitalidad 相当于 si 引导的条件从句"si no nos hubierais tratado con mucha hospitalidad"，意为"没有你们的热情款待"，主句意为"这次住宿不会如此愉快"，是与"我们已经过的很愉快"这件已经过去的事实相反，符合在 si 引导的条件状语从句中，条件和结果都与已经过去的事实相反，那么从句使用虚拟式过去完成时，主句使用复合条件式的语法规则。

综合练习 答案解析
CLAVE Y ANÁLISIS
DE EJERCICIOS
INTEGRADOS

综合练习 1

第一节 将括号内的原形动词变为适当的人称和时态，填入空格内。

1. se reúna
该题考查句型 "es posible que+ 虚拟式用法"，意为 "可能……"。此外，reunirse 主语为 mucha gente，又因为 es 是陈述式现在时，因此 reunirse 使用虚拟式现在时变位。

2. había terminado
该题考查句型 decir 的直接宾语从句的时态，本句意为 "当我回家的时候，儿子对我说他已经完成了所有的作业"，因此，terminar（完成）发生在 dijo（说）之前，为过去的过去，因此使用过去完成时变位。

3. habrá
该题考查 Dicen que...，意为 "据说……"，从句中出现了 mañana，意为 "明天有雨"，又因 haber 为特殊无人称，因此使用将来未完成时单数第三人称变位。

4. gustaría
该题考查简条件式用法。根据句意 "我很想陪你去学习中心，但是我今天很忙"，是一种委婉的拒绝，gustar 主语又为 acompañarte al centro de estudios，因此使用简单条件式第三人称单数变位。

5. solían
该题考查陈述式过去完成时的用法。该句意为 "去年我爷爷奶奶每晚都习惯去散步"，表达的是过去习惯性、重复性的事件，因而使用该时态。

6. tuviera
该题考查 "para que+ 虚拟式" 的用法。主句动词 decidió 使用了简单过去时，又因 para que 使用虚拟式，主语为 ella，因此使用虚拟式过去未完成时第三人称单数变位。

7. había visto
该题考查陈述式过去完成时用法。该句意为 "他们都问那个砍柴人是否见过那只狐狸"，preguntaron 为简单过去时，ver 为过去的过去发生的动作，主语为 el leñador，因此用陈述式过去完成时。

8. llegó
该题考查陈述式简单过去时用法。句中 un día 意为 "有一天"，表过去；llegar 主语为 un tipo curioso，因此使用陈述式简单过去时第三人称单数变位。

9. hubieran elogiado
该题考查 "como si+ 虚拟式过去完成时" 用法，本句意为 "那个小孩高兴地走了就好像他父母表扬了他一样"，"表扬" 为完成的动作，因此使用虚拟式过去完成时。

10. habré limpiado
该题考查陈述式将来完成时用法，本句是由 cuando 引导的时间状语从句，vuelvas 使用了虚拟式现在时（未发生）表达将来时间概念，主句 ya（已经）体现出 limpiar 发生在 vuelvas 之前，主语为 "我"，因此应使用将来完成时第一人称单数变位。

第二节 将适当的前置词或前置词与冠词的缩合形式填入空格内。

11. a

短语 parecerse a 意为"和……像"，为固定搭配。

12. En

en cambio 意为"然而"，为固定短语。

13. en

此句中考查短语"convertirse en sustanvivo"，意为"变成……"。

14. para

本句句意为"众所周知三王节在西班牙很重要，尤其是对小孩们来说"，因此使用介词 para。

15. Según

yo 为主格人称代词，且本句句意为"依我看，我们要在天亮前出发"，因此使用介词 según。

16. sin

本句句意为"妈妈讨厌她就让她不停地（不休息地）干活"，因此 sin 介词合适。

17. entre

该句考查 hacer algo entre unos 意为"大家一起做某事"。

18. por

estar preocupado por... 意为"为某事（某人）担心"，其中，preocupado 需要与主语保持性数一致。

19. A

a la derecha de/a la izquierda de 意为"在……右边（左边）"，为固定搭配。

20. de

固定搭配 de forma ordenada 意为"整齐地"。

第三节 根据需要将冠词或前置词与冠词的缩合形式填入空格内。

21. la

hacerse el tonto 意为"装傻"，该句中指 la chica，因此使用 la。

22. la

catedral 表示"教堂"，为阴性名词，且句意为"他们旁边的教堂"，是特指概念，因此需要加冠词 la。

23. /

此处考查的是短语 por primera vez，不加冠词，意为"第一次"。

24. del

该句意为"在现代社会，很多人都患有周一综合征"，síndoma 为阳性名词，因为使用 el，与 de 缩合为 del。

25. el

此处考查 ser el primero en hacer algo，意为"第一个做某事的人"，前面有 ninguno，因此该处使用阳性定冠词；el primero 要根据主语变性数，如 María es la primera en llegar al aula。

第四节 从每题所给的 A、B、C、D 四个选项中选出最佳选项。

26. B

gastar 用法为 uno gastar dinero/tiempo en algo，意为"某人在某事上花费金钱 / 时间"；costar 意为"某物花了某人多少钱"或"做某事让某人觉得很困难（费劲）"，此处考查的就是 a uno le cuesta hacer algo，主语为 acostumbrarse a la marcha，因此选择 cuesta。

27. C

该句考查 tener en cuenta，意为"注意，重视"，因此选择介词 en。

28. D

该句考查 "ordenar que + 虚拟式用法"，意为"命令某人做某事"，ordenó 为简单过去时，因此 empezar 应使用虚拟式过去未完成时变位。且使用第三人称复数表示无人称概念。

29. C

por un lado, por otro lado 为固定短语，意为"一方面，另一方面"，因此此处不需要冠词。

30. A

该句考查 depender de 固定搭配，该句意为"根据年龄，过敏可能会持续也可能随着时间的过去（年龄的增长）而消失"。

31. B

该句考查 "ir+gerundio"，表示"逐渐……"，aumentar 为不及物动词，主语为 el número，因此使用 aumentando。

32. D

该题考查 "para que+ 虚拟式"的用法，同时区分 buscar 和 encontrar 的用法。主句动词 salió 使用了简单过去时，buscar 意为"寻找"，encontrar 意为"找到"，又因主语为 su madre，因此使用虚拟式过去未完成时第三人称单数变位。

33. C

该句意为"多亏了网络，成年人的大学远程教育已经有了明显的改观"，因此，只有 gracias a 符合句意，gracias por 通常仅仅表示"感谢……"。

34. A

该句考查 decir 第二人称单数 tú 的命令式，又因"你把事情都告诉我"既有宾格代词又有与格代词，都放在命令式变位后面连写，重音已改变，因此需要加重音符号。

35. C

该句考查 "según+ 句子"，句中有 publica 为动词变位，句意为"根据《纽约时报》的报道……"，因此选择 C。

36. C

该句考查两个固定搭配: ser cruel con uno（对某人很残忍）和 vengarse de uno（algo）（报复某人或某事），因此选择 C。

37. D

该句考查 cuando 引导的时间状语从句和主句的时态搭配，主句 maltratarás 使用了将来未完成时变位，从句应使用虚拟式现在时表将来概念，因此选择 D。

38. C

该句考查 "ser necesario que + 虚拟式"，era 为陈述式过去未完成时变位，因此从句动词应使用虚拟式过去时变位，又因动词 "mantenerse+adj." "permanecer+adj."，综上，因此选择 C。

39. C

该句考查"做同样的事情"的表达，西语中使用 lo mismo 指代"同样的事"，因此选择 C。

40. B

该句需要正确理解句意和逻辑关系，主句句意为"那两个人一整天打保龄球"，后面的部分意为"忘了吵架和虐待，相处的不再像是敌人而更像是玩伴"，因此可以判断"忘记"和 tratándose 为并列动词，都使用副动词，又因为 olvidarse de algo（uno）为固定短语，因此选择 B。

综合练习 2

第一节 将括号内的原形动词变为适当的人称和时态，填入空格内。

1. tengas
该题考查句型"en cuanto + 虚拟式"的用法，意为"一……就"，对于未发生的事情用虚拟式现在时代表将来。此外，tenner 主语为 tú（你），因此使用虚拟式现在时变位 tengas。

2. dio
该题考查句型 dar 的简单过去时的变位。该句意为"一个医生朋友给了我地址，按照她的说法，这位女士或许可以帮我"，podría 使用了简单条件式，代表的是过去将来，因此 dar 使用简单过去时变位。

3. déjame
该题考查肯定命令式的用法，dejar a uno 意为"让某人做……"，代词在肯定命令式后面连写，重音改变，因此需要加重音符号。

4. he visto
该题考查"en la vida de uno + 完成时"的用法，句意为"在我的一生中我从来没有见过一个如此热爱西班牙文化的人"，因此使用现在完成时变位。

5. pudiera
该题考查"no hay nada que + 虚拟式的用法"。该句意为"（那时）他没有什么可以做的"，主句 había 为 hay 的陈述式过去未完成时变位，因而 poder 使用虚拟式过去未完成时。

6. te hagas
该题考查"hacerse + 定冠词 + 名词"的用法，意为"装作……"。该句句意为"你不要装傻"，因此使用虚拟式现在时变位，前面有 no，意为否定命令式。

7. habían vendido
该题考查陈述式过去完成时用法。该句意为"玛利亚去买那双她很喜欢的鞋，但是人家已经卖掉了"，fue 为简单过去时，vender 为过去的过去发生的动作，主语为 ellos，因此用陈述式过去完成时变位。

8. iría
该题考查简单条件式的用法。该句意为"如果费利佩在这的话，他也不会帮我们的"，条件不成立，结果也不会实现，时间是现在，因而使用简单条件式变位。

9. habrá preparado
该题考查将来完成时的用法，本句意为"妈妈想，她的儿子会在她回家之前就把晚饭做好了"，vuelva 是没有发生的动作，preparar 发生在 vuelva 之前，因此使用将来完成时变位。

10. hubiera escrito
该题考查虚拟式过去完成时的用法，本句是由 si 引导的条件状语从句，本句意为"如果我昨天把信写完，我现在就可以把信寄给我的朋友了"。从句表示的对已经发生的事情做相反的推测，因此使用虚拟式过去完成时。

第二节 将适当的前置词或前置词与冠词的缩合形式填入空格内。

11. de
短语 en busca de algo(uno) 意为"寻找某物（某人）"，为固定搭配。

12. a
短语 tener miedo a algo(uno) 意为"害怕某物（某人）"，为固定搭配。

13. para
此句中考查短语 prepararse para，意为"准备（打算）……"，为固定搭配。

14. a
此句考查"volver a+inf."，意为"重新做某事"，因此使用 a。

15. de
此句考查 reírse de algo（uno），意为"嘲笑某物（某人）"，因此使用 de。

16. con
短语 con el paso del tiempo 意为"随着时间的流逝"，为固定搭配。

17. a
该句考查 llamar a la ambulancia 意为"叫救护车"，因此使用 a。

18. En
短语 en todo caso 意为"无论如何"，为固定搭配。

19. Tras
根据句意"经过漫长的旅程，三王抵达伯利恒，在那里他们非常高兴地发现马槽里有一个婴儿，他的母亲玛丽和他的父亲约瑟夫"，viaje 是在后面发生的动作之前，因此使用介词 tras，句首需大写。

20. por
短语 ser preseguido por 意为"被某人跟随"，因此使用介词 por。

第三节 根据需要将冠词或前置词与冠词的缩合形式填入空格内。

21. la
Tierra 大写指的是"地球"，因此使用 la。

22. un
programa 为阳性名词，西语短语 un programa muy interesante 意为"一个很有意思的节目"，因此使用 un。

23. un
此处考查的是短语 de un momento a otro，意为"时不时地"。

24. Las
pirámide 为阴性名词。las pirámides de Egipto 指的是"埃及的金字塔"，因此使用 las，句首大写。

25. los
此处考查 todos los fines de semana，意为"每个周末"，需要加定冠词，因此使用 los。

第四节 从每题所给的 A、B、C、D 四个选项中选出最佳选项。

26. D
construir 为及物动词，los edificios 做主语，和 consrtuir（建设，建造）为被动关系，且该动词简单过去时变位特殊，因此选择 se construyeron，为自复被动句结构。

27. B
该句考查 acabar por，意为"最终……"，acabar de inf. 意为"刚刚做完某事"，acabar con algo 意为"消灭，干掉……"，因此选择介词 por。

28. A
该句考查定语从句加介词的用法，该句意为"这就是我不想陪你的原因：我不舒服"，por 和 que 之间的冠词不能省略，因此选 A。

29. D
该句考查 si 引导的时间状语从句，"si+ 陈述式现在时"表将来，因此选择 D。

30. A
该句考查 quejarse de 固定搭配，意为"抱怨……"，因此选 A。

31. C
该句考查"para que+ 虚拟式"，表示"为了……"，从后面的 pueda 可以看出使用了虚拟式，根据句意有目的存在，因此选择 C。

32. C
该题考查 si 引导的时间状语从句，"si+ 虚拟式过去未完成时"表示与现在的情况不符，而主句表达的意思是"我种的那些植物就不会长的这么好"，指与已经完成的动作做了相反的推测，因此使用复合条件式，选 C。

33. A
该句意考查与格代词的用法，本句中替代 a los niños，因此使用 les。

34. B
该句考查"no es que"或者"no porque+ 虚拟式的用法"，该句中 antes 又表示"以前"，因此使用虚拟式过去未完成时，主语为 el chico，因此选择 B。

35. B
该句考查 encontrarse con uno（遇到某人），为固定短语，因此选择 B。

36. C
该句考查 parecerse a uno en algo，意为"和某人在某方面像"，为固定搭配，因此选择 C。

37. C
该句考查短语 sin duda alguna，意为"毫无疑问"，因此选择 C。

38. A
该句考查 a uno le conviene algo，意为"某事对某人来说合适"，主语为 la hora，因此选择 A。

39. B
该句考查感官动词"ver a uno+ 过去分词"，意为"看到某人处于某种状态"，esconderse 修饰 otros compañeros，因此选择 B。此外，还有"ver a uno+inf，ver a uno + gerundio"。

40. D
该句考查"como si+ 虚拟式过去未完成时"的用法，该句意为"他对我如此严格就好像他是我的经理一样"，因此选择 D。

综合练习 3

第一节 将括号内的原形动词变为适当的人称和时态，填入空格内。

1. se dio
该题考查简单过去时的用法。darse cuenta de 意为"发现，察觉到"，是完成体态，因此要用简单过去时。注意 dar 简单过去时的变位不规则。

2. compres
该题考查单一人称结构中虚拟式的用法。主语动词 es 是一般现在时，因此从句使用虚拟式一般现在时。

3. era
该题考查陈述式过去未完成时的用法。"尽管她还很小"作为背景的描述，因此使用过去未完成时而非简单过去时。

4. hacernos
该题考查"pensar+inf."的结构，句意为"我和朋友们打算互赠礼物"。注意：hacerse 为相互动词，se 需要根据主语变为 nos。

5. permitiera
该题考查虚拟式的用法。sin que 引导的方式状语从句中需要使用虚拟式，由于时间是过去，且动作未发生，因此使用虚拟式过去未完成。注意：如果前后主语一致，则 sin 后面直接跟动词原形，如 Pasó toda la mañana sin hacer nada。

6. se esfuerza
该题考查陈述式一般现在时的用法。deberse a que 陈述原因，不需要使用虚拟式。该句的句意为"今天的幸福生活是整个民族努力奋斗而来的"，努力奋斗这个动作未未完成，强调过去努力，现在仍然在努力，因此用一般现在时。注意 esforzar 变位不规则。

7. se acercaba
该题考查陈述式过去未完成时的用法。根据句意"当他看见火车慢慢驶来"，强调火车靠近的过程的持续，因此要使用未完成时而非简单过去时。

8. Paseando
该题考查副动词的用法。此处副动词表方式。

9. hubiera dicho
该题考查条件句中时态的使用。根据句意"如果她告诉了我那个消息的话，我现在也不会如此担心了"，这是不可能的假设，且条件句中的动词"告诉"，指向过去，强调完成，因此要用虚拟式过去完成时。

10. desanimada
该题考查过去分词的用法。"encontrar algo/a uno+adj./p.p."表示"发现某物 / 某人处于某种状态"。根据句意"我发现她很沮丧"，强调状态，此处应使用过去分词，且其主语 Juana 是女生，因此要使用阴性形式。

第二节 将适当的前置词或前置词与冠词的缩合形式填入空格内。

11. Desde

从句意来理解，此处应使用 desde，句意为"自从他开始尝试地中海饮食，他的身体状况逐渐好转"。

12. bajo

bajo la cama 表示"在床下面"。前面动词 esconder 意为"躲藏"，应该是藏在床下面。注意本题很容易填写 en，en la cama 意为"在床上"。

13. A

此处与后面的 me 相呼应，即 a mí me...，注意句首大写。该句意为"对我来说，使用筷子很难"。

14. según

según 表示"根据，按照"，该句意为"他按照说明装好了电脑"。

15. de

tener ganas de hacer algo 为固定搭配，意为"想要，有意愿做某事"。该句意为"我很想你给我讲讲你在西班牙的生活"。

16. sin

该句句意为"丈夫与妻子对视了好一会儿，什么都没说"。

17. con

con el deseo de hacer algo 意为"有什么样的愿望"。该句意为"我和我的同学们相互帮助，希望大家一同进步"。

18. Ante

ante todo 意为"首先"，注意与 sobre todo（尤其）进行区分，句首需要大写。该句意为"首先，请允许我向诸位表示感谢"。

19. a

"a + 年龄"表示"在多大年纪时做某事或发生了某事"。

20. a

aficionado 有"业余爱好者"的意思，后面搭配介词 a。该句意为"作为摄影爱好者，他买了很多专业设备"。

第三节 根据需要将冠词或前置词与冠词的缩合形式填入空格内。

21. la

dirigir la palabra a uno 意为"对某人说话"，该短语中使用定冠词。

22. un

águila 虽是阴性名词，但单数时冠词应用阳性形式。句中是第一次出现，并非特指，因此用不定冠词 un。此类词语还有 agua, aula 等。

23. El

句中 mío 为物主代词，需要与定冠词搭配使用，el mío 指的是"我的礼物"。

24. la

la policía 此处指"警方"，而非某一个警察。当 policía 指警察个体时，un policía 意为"一个男警察"，una policía 意为"一个女警察"。

25. /

hace años 意为"几年前"，不需要使用冠词。

第四节 从每题所给的 A、B、C、D 四个选项中选出最佳选项。

26. D

novela 为阴性单数名词，且该句句意为"你有没有一本现代风格的小说？"因此选择 alguna。

27. C

además de 意为"除了……还有……"，excepto 表示"除开在外"。该句句意为"除了卡洛斯，几乎所有的同事都来开会了"，因此选 C。

28. A

el periódico de hoy 意为"今天的报纸"。

29. D

第一空后面的 domingos 前没有冠词，可选用 pocos 或 algunos，第二空 domingos 前有冠词，应选择 todos，综上，答案应为 D。

30. A

第一句句意为"在十点到十点半之间我们有一个休息时间"，应选择 entre，第二句句意为"在这段休息时间里……"，durante 和 en 都可以选，综上所述，答案应为 A。

31. D

此题需要关系词衔接两个句子，先排除 C，且为限定性定语从句，先行词是人，且在从句中做主语，只能选择 que。cual 需要与定冠词连用。quien 前不加介词时只能用于非限定性定语从句中。

32. B

此处 lo 为中性冠词，lo que 这个结构充当句子的主语。el que, la que, los que, las que 也有此用法，但它们所指的应该是具体事物，有阴阳性单复数之分。

33. A

表示"说某种语言"时，用动词 hablar，句中是自复被动的用法，主语为 el español，因此选 A。该句句意为"在西班牙和拉丁美洲都说西班牙语"。

34. B

sentir lástima de que 后需要使用虚拟式，perder su futuro 强调动作的完成，因此用虚拟式现在完成时。该句句意为"所有人都很遗憾他因为一个偶然的事件而失去了（美好的）未来"。

35. C

tratar de/tratarse de 有"是，关于"的含义，区别在于是否有具体主语，有主语用 tratar de，没有则用 tratarse de，因此本题选 C。

36. A

该句句意为"方式不重要，你可以想怎么做就怎么做"。此处强调的是方式，因此选择 como。

37. B

本句主要从 digas 的时态来判断。si 引导条件句后面不跟虚拟式一般现在时，como 引导原因也不跟虚拟式，al 后接动词原形，因此此处为否定命令式。

38. D

此句考查带介词的定语从句，将先行词 hombre 带入从句中，no estaba enamorada del hombre，需要使用介词 de，先行词是人，应加上定冠词 el，因此缩合为 del。

39. A
西语中表示"哪一个"时可用 qué 与 cuál，区别在于 qué 后面加名词，cuál 不加。

40. C
llevar algún tiempo haciendo algo 表示"花多长时间一直干某事"。"llevar algún tiempo +p.p." 则表示"处于某种状态多长时间了"。

综合练习 4

第一节 将括号内的原形动词变为适当的人称和时态，填入空格内。

1. había matado
该题考查陈述式过去完成时的用法。"警察问那个男人为什么要杀了他的邻居"，"杀"发生在"问"之前，且主句动词是过去，因此使用过去完成时。

2. sabían
该题考查陈述式过去未完成时的用法。"那时还不会说西班牙语"，是当时一种状况的持续，并没有结束，因此用过去未完成时。

3. haya faltado
该题考查虚拟式的用法。主句动词为 preocupar（使某人担心），其主语为句子时，需要使用虚拟式。该句句意为"一个学生已经缺课很多次了，这让老师很担心"，动作"缺课"强调完成，主句动词是现在时，因此从句中用虚拟式现在完成时。

4. grites
该题考查 por más que 的结构。por más que 是让步的结构，意为"虽然，尽管"，语气强烈时需使用虚拟式。该句句意为"无论你怎么叫喊，都没有人会来帮你"，语气较为强烈。

5. trae
该题考查条件句中时态的用法。主句使用了将来时，从句动作也表将来，在条件句中，用陈述式一般现在时表示一般将来。

6. sea
该题考查短语 maldita sea。此为口语中的固定表达，意为"该死的"。该句句意为"真该死！下那么大的雨，我没法离开了"。

7. hubiera ocurrido
该题考查 como si 的用法。como si 后面只能使用虚拟式过去未完成时或虚拟式过去完成时，区别在于动作是否完成。该句中"就好像我俩之间什么都没发生过"，强调完成，因此选择虚拟式过去完成时，主语为 nada。

8. digas
该题考查否定命令式的用法。de ninguna manera 带有否定含义，意为"无论如何都不要"，该句句意"你无论如何都不要把这件事告诉宝拉"，带有命令的语气，因此使用否定命令式。此类短语还有 por ningún motivo 等。

9. murmurando
该题考查副动词的用法。该句句意为"他嘟嘟囔囔地语无伦次地离开了办公室"，谓语动词为 salió, murmurar 应使用副动词形式。

10. seguir

该题考查动词 aconsejar 的用法。表达"建议某人做某事"时，结构为 aconsejar a uno hacer algo 或者 aconsejar a uno que haga algo。

第二节 将适当的前置词或前置词与冠词的缩合形式填入空格内。

11. contra

luchar contra 意为"与……斗争，作战"。注意 luchar por 意为"为了……而战"。

12. Tras

tras 表示"在……之后"，此处意为"经过几个星期的努力之后，……"。注意句首大写。

13. Según

según yo 意为"在我看来"。注意句首大写。

14. de

短语 salir de compras 意为"出去购物"。此类短语还有 ir de vacaciones, salir de viaje 等。

15. sobre

该句句意为"我们要把聚会要用的所有东西都准备好，尤其是食物"，此处应该选择意为"尤其，特别是"的短语，而非"首先"(ante todo)。

16. de

pobre de mí 为固定用法，意为"我真可怜"。

17. tras

uno tras otro 和 uno por uno 表示"一个接一个"。

18. en

短语 tardar...en... 意为"在某事上耽搁了"。

19. Entre

该句句意为"所有人一起抬起了车子……"，应选用 entre。注意句首大写。

20. hasta

此处考查 no...hasta... 的结构，意为"直到……才……"。

第三节 根据需要将冠词或前置词与冠词的缩合形式填入空格内。

21. el

后半句意为"他是这个项目的负责人"，应为特指，所以使用定冠词。

22. /

说话时称呼某人时，不需要使用冠词。

23. /

在表示"选举某人担任某职务"时，elegir a uno 后面直接加职务，不使用冠词。同类用法的词语还有 nombrar，nombrar a uno 加职务意为"任命某人为某个职务"。

24. el

hacer el favor de hacer algo 为固定结构，请求某人帮忙时使用，意为"劳驾，麻烦"。

25. Una

"女孩子中的一个"，应该选择不定冠词的阴性形式。

第四节 从每题所给的 A、B、C、D 四个选项中选出最佳选项。

26. A

no creer que 后面应跟虚拟式。表示思维、判断等的动词引导直接宾语从句，如主句是否定，则从句中应该使用虚拟式。

27. C

该句为简单句，谓语动词已存在，应使用非人称形式。此处过去分词用作双重补语。该句句意为"妈妈忧心忡忡地离开家去学校"。

28. C

介词 con 后面不能直接跟形容词。该句句意为"你可以用你的手机给我打个电话吗？"物主代词需与定冠词搭配使用，móvil 是阳性名词，因此选择 C。

29. A

该句句意为"许多学生参加了这次学术活动，不仅有我们系的，还有其它系的"。注意句中 tanto... como... 意为"不仅……而且"，此处 tanto 是副词，且不会有形式的变化。

30. D

此处意为"宫殿被设计"，注意西班牙语中两种被动的结构："se+ 第三人称单 / 复数"为自复被动，"ser+ p.p."为被动语态。该句主语是单数，因此 C 选项不正确。从时态来看，应选择过去。

31. B

lo 置于 no imaginarse, no saber 等之后，与形容词或副词连用，使之名词化，表示强调，后接 que 引导的从句。

32. D

直接宾语位于动词之前，需要用相应的宾格代词复指。

33. C

gradecer a uno algo（因某事感谢某人），人做间接宾语，而事做直接宾语，不需要加介词。

34. B

表示事情发生的时间或地点，应使用系动词 ser。从后面否定命令式来判断，应该用一般现在时。

35. A

主句动词表示思维判断、意见，使用否定命令式时，从句中应使用陈述式。从其它动词判断此处应该用一般现在时。该句句意为"你不要以为玛莲娜正在学习"。

36. C

según 之后应使用关系代词 cual，cual 需跟定冠词连用。该句的先行词是 noticia，因此需要使用 la cual。

37. D

"deber+ inf." "tener que +inf." "haber de+inf." 都表示"应该，必须"。而"deber de+inf." 意为"想必，大概"。

38. A

quedar 表示"剩下，余下"，由物做主语，人则使用与格代词指代。本句主语为 cincuenta minutos，因此动词变为 quedan，"我们还剩……"表示为 nos quedan。

39. C

cuando, mientras 引导时间从句，mientras tanto 表示"与此同时"，会另起一句，mientras que 带有转折的含义。该句句意为"帕科，你照顾好孩子。与此同时，我去做饭"。

40. B

该句句意为"虽然他书读得少，却在一家工厂找到了一份好工作"。从句意来看，此处表示让步，后面接的是名词结构，因此只能选择 a pesar de。gracias a 意为"多亏了"，aunque a pesar de que 虽都表让步，但后面应跟接句子。

综合练习 5

第一节 将括号内的原形动词变为适当的人称和时态，填入空格内。

1. os sintáis
该题考查句型"esperar que + 虚拟式"用法，主句动词为一般现在时，从句动作未完成，因此用虚拟式现在时。句意为"我希望从今天开始你们对自己感觉更好"。

2. habían muerto
该题考查陈述式过去完成时用法，句意为"这个房子属于我爷爷奶奶，当我父母结婚时，他们已经去世了"。cuando 引导的时间从句中，se casaron 为过去发生的动作，而根据句意，主句动词 morir 为更前面发生，并且已经结束的动作，因此要用陈述式过去完成时。

3. oía
该题考查陈述式过去未完成时用法，句意为"每当听到声响，这个女人就停下工作"。主句动词 paraba 为陈述式过去未完成时，从句时态应和主句保持一致，表示过去重复性的动作。

4. supiera
该题考查"como si + 虚拟式过去未完成时或虚拟式过去完成时"的用法。本题句意为"他没有回答我的问题就好像不知道一样"，从句动作未完成，因此应用虚拟式过去未完成时。

5. Haré
该题考查陈述式将来未完成时用法。siempre que 意为"只要，每当"，当 siempre que 表示"只要"时，需用虚拟式，此时从句一般为将来的动作；当 siempre que 表示"每当"时，一般用一般现在时或过去未完成时，表示现在或过去重复性的动作。本题句意为"只要他们支持我，我就会提出这个建议"，从句用了虚拟式一般现在时，主句动词表示将来，因此用陈述式将来未完成时。

6. te interesas
该题考查 si 引导的条件状语从句中一般现在时的使用。该题句意为"如果你对西班牙文学感兴趣，我会给你推荐几本书"。主句动词使用了陈述时将来时，因此从句应用陈述式一般现在时表将来。切记这里不可以使用虚拟式一般现在时。

7. prohibiría
该题考查陈述式简单条件式用法。Yo que ministro para defensa de los animales 意为"如果我是动物保护部长"，表示不可能或极不可能的假设，主句要用简单条件式。

8. veáis
该题考查虚拟式一般现在时用法。本题句意为"我肯定当你们看到埃莱娜时会惊讶的"，根据句意，ver 为将来的动作，而 cuando 引导的时间从句中要用虚拟式表示将来，因此用虚拟式。此外，主句时态背景为现在时，因此用虚拟式一般现在时。

9. subierais
该题考查 aun cuando 引导的让步从句中虚拟式的使用，意为"即便是"。因为主句动词 alcanzaríamos 为简单条件式，表示这一事情不可能实现，因此从句动词应搭配使用虚拟式过去未完成时。

10. se había producido
该题考查陈述式过去完成时用法。本题句意为"救护车很快就赶到事故发生的地方了"。从句动词 producirse 在主句动词 acudió 简单过去时更前面发生并完成，因此应用陈述式过去完成时。

第二节 将适当的前置词或前置词与冠词的缩合形式填入空格内。
11. según
前置词 según 意为"根据"。该句句意为"根据医嘱，你必须要吃这些药"。

12. A
a los dieciséis años 意为"16 岁的时候"，相当于 cuando tenía dieciséis años。

13. con
介词 con 可以表示"包含，有"之意。该句句意为"在那次旅行中，Isabel 丢失了一个里面装有手机和书的背包"。此外，con alguien 表示"和某人"，但是注意如果是表示"和我""和你"，应该用 conmigo 和 contigo。

14. por
"过去分词 +por"表示"由……，被……"，该句句意为"在一位警察的带领下，Pablo 顺利地到达了他朋友的家"。

15. con
短语 conversar con alguien 意为"和某人谈论"。该句为定语从句，因此前置词 con 提前至关系代词 quien 之前。

16. de
短语 disfrazarse de 意为"装扮成……"。

17. hasta
短语 no ... hasta 意为"直到……才……"。该句句意为"继续前行，直到街道尽头再停下"。此外，hasta 还可以单独使用，意为"直到；甚至"。

18. de
短语 de segunda mano 意为"二手的"，是形容词短语。

19. para
短语 algo no vale para nada 意为"某物毫无用处"。

20. por
前置词 por 有"每……"之意。该题句意为"在马德里每平方米租金约为 11 欧"。此意常见的表达还有：una persona por probador 表示"每个试衣间一个人"，200 kilómetros por hora 表示"每小时 200 公里"等。

第三节 根据需要将冠词或前置词与冠词的缩合形式填入空格内。
21. una
当名词后面有修饰语时，一般使用不定冠词。句意为"两年前我的父母卖掉了这所房子，在这里我度过了一个非常快乐的童年"。

22. el
该题中定语从句先行词需要确指，需使用定冠词，而 día 为阳性名词，因此使用定冠词 el。

23. /

前置词 de 组成的名词词组，当 de 表示所属关系时，de 后面的名词需要加定冠词。如 los estudiantes de la facultad, los libros del estante。当 de 表示修饰时，后面名词则不需要，如 sala de reunión, sala de lectura, campo de fútbol, recitales de poesía, profesora de español 等。

24. la

la frente 意为"额头"，el frente 意为"前线"。该题句意为"爷爷摸了摸女孩儿的额头，看她是否发烧"，因此填 la。

25. los

短语 en los años sesenta 表示"六十年代"，在句子中做时间状语。

第四节 从每题所给的 A、B、C、D 四个选项中选出最佳选项。

26. B

no es nada grave 表示"一点都不严重"。

27. B

cubrir algo/a alguien con ... 表示"某人用……把……盖住"；cubrir de... 表示"盖满了……"，过去分词 cubierto 也有相同用法。本题句意为"当看到孩子睡着了，妈妈用一条毯子给她盖上"。

28. B

darse cuenta de algo 表示"察觉到……，意识到……"，equivocarse de algo 表示"搞错，弄错……"。同时注意，在此短语中 algo 前不加定冠词。

29. D

acordar hacer algo 表示"商定做某事"。本题句意为"所有居民商定在危险的情况下互相帮助"，因此要选相互动词 ayudarse。注意：有时为了避免歧义，会加上 mutuamente, recíprocamente, el uno al otro 等表示相互意义的副词或短语。

30. C

si 引导的条件状语从句中，主句动词用将来时，从句动词一般用一般现在时，表示极有可能实现的条件。

31. B

本题考查常用语的使用。Estamos a once de septiembre 意为"今天是 9 月 11 日"，相应的问句是 ¿A cuántos estamos? ¿Qué día es，意为"今天星期几？"

32. B

"convencer a alguien de que + 陈述式"表示"说服某人使相信……"；"convencer a alguien de que + 虚拟式"表示"说服某人做某事"，这种情况下，通常也可以用"para que + 虚拟式"。本题句意为"我们必须说服他们接受我们的计划"，因此要用虚拟式。

33. A

caracterizarse por algo 表示"具有……特点"。

34. B

本题句意为"下个月的时候女孩儿就已经上初中了"。"到下个月的时候"为将来的时间，而在将来的时间前就已经结束的将来的动作要用陈述式将来完成时。

35. D

本题考查关系代词用法。句意为"我把字典放在走廊尽头的桌子上，那张桌子我已经提前擦干净了"，因为先行词 la mesa 为阴性，并且距离关系代词较远，因此选 la cual。

36. D
本题句意为"我唯一希望的就是马上离开聚会"，动词原形可以做表语，但是代词 se 需要变化人称，同时注意 irse 意思是"离开，走"，而 ir 意思为"去……"。

37. A
referir algo 表示"谈论，涉及"，referirse a 表示"指的是……"，本题句意为"据说部长在他最近一次演讲中提到了污染问题"，因此应该选择 referir algo，时态使用陈述式简单过去时。

38. A
本题句意为"她向我承诺除非有一个好向导陪同，否则她不会进入原始森林"。"a no ser que + 虚拟式"表示"除非……"，而根据句意，entrar 为将来的动作，因此在过去时态背景下，应用简单条件式。

39. C
日期的表达方式为"el (día)... de + 月份 + de + 年份"。

40. C
en fin 意为"总之"，en serio 意为"严肃地，认真地"，en absoluto 意为"绝对不"，en silencio 意为"静静地，默默地"。本题句意为"我对这个主题一点都不感兴趣"，因此选 C。

综合练习 6

第一节 将括号内的原形动词变为适当的人称和时态，填入空格内。

1. riegue
该题考查句型"pedir que + 虚拟式"的用法，意为"请求某人做……"，因为主句动词 pide 为陈述式一般现在时，从句动作未完成，因此用虚拟式一般现在时。

2. conducía
该题考查陈述式过去未完成时用法。句意为"当她年轻的时候，开车像疯子一样"，表示过去某一时间段的行为习惯，因此应用陈述式过去未完成时。

3. hubiera
该题考查 si 引导的条件状语从句中虚拟式过去未完成时和简单条件式的搭配使用。主句动词 invitaría 为简单条件式，因此根据句意从句应与虚拟式过去未完成时搭配使用，表示不现实、不可能或极少可能出现的条件。

4. se había puesto
该题考查陈述式过去完成时用法。本题句意为"她对我说目前为止她还从没有穿过礼服"，"nunca + 完成时"表示"从来没有做过某事"，因为主句为过去时态，因此从句用陈述式过去完成时。

5. sa casara
该题考查虚拟式过去未完成时用法。本题句意为"父亲承诺当女儿结婚时，将会为她办一场豪华婚礼"，casarse 为将来的动作，而 cuando 引导的时间从句中要用虚拟式表示将来，此外因为主句动词为过去时态，因此要用虚拟式过去未完成时。

6. Fue
该题考查陈述式简单过去时用法。本题句意为"正是在 1974 年，我们全家搬到了另一座城市"，表示过去发生并且已经结束的动作用陈述式简单过去时。

7. ha cambiado
该题考查陈述式现在完成时用法。句中若有 en los últimos años, estos días, estos años, últimamente 等时间状语，后面通常用现在完成时，本题句意为"近些年地球气候改变了很多"。

8. ganará
该题考查陈述式将来未完成时用法。本题句意为"我相信我们组会赢得下次比赛的"，表示将来的动作，因此用陈述式将来未完成时。注意：estar convencido de que 后加陈述式，而不是虚拟式。

9. habrán regresado
该题考查陈述式将来完成时用法。cuando 从句中用虚拟式表示将来的动作，那么主句应该用将来时。而根据句意"当证书到的时候，很多参加者将已经回到他们家乡了"，表示在从句 lleguen 将来的动作发生时已经完成的另一个将来的动作，因此应用陈述式将来完成时。

10. hubiera bajado

该题考察单一人称为系表结构中虚拟式的用法，例如"es mejor/peor/importante/posible... que + 虚拟式"。在本题中，主句动词为过去时态，从句动作已完成，因此应用虚拟式过去完成时。

第二节 将适当的前置词或前置词与冠词的缩合形式填入空格内。

11. Desde
前置词 desde 意为"自从……"。该句句意为"自从定居在这座城市，他已经交了很多朋友"。

12. en
前置词 en 有"在……方面"之意。该句句意为"加泰罗尼亚是第一个对高含糖量食物征税的自治区"。

13. de
短语 de mi parte 意为"代我，替我，以我的名义"。该句句意为"当你见到他时，请代我向他问好"。

14. por
"ser+p.p+por"为被动语态句型。该句句意为"这幅画被一位百万富翁买了"。

15. para
前置词 para 可以表示"为了，以便于"之意。该句句意为"当你来的时候，穿一双休闲鞋以便于更舒适"。

16. en
前置词 en 与交通工具连用，表示"乘坐某种交通工具"，如 en coche, en metro, en autobús, en avión 等。该句句意为"Miguel 自告奋勇开车送我们去办公室"。

17. a
短语 a distancia 意为"在远处，从远处"，而 enseñanza a distancia 意为"远程教育"。

18. entre
entre...y... 表示"在……和……之间"。该句句意为"商店一般情况下早上八点到九点之间开门"。

19. ante
前置词 ante 意为"在……面前，面对"。该句句意为"我们在众人面前谈论他人的私生活不好"。

20. sin
前置词 sin 意为"没有"。该句句意为"我不希望你在没有提前通知我的情况下改变时间"。

第三节 根据需要将冠词或前置词与冠词的缩合形式填入空格内。

21. el
该题考查形容词最高级句型，需要加定冠词。句意为"这只白色的狗是三只中最小的"。

22. /
短语 tomar fotos 意为"拍照"。

23. el
该题考查日期的表达。日期表达句型为"el (día) 天 + de + 月份 + de + 年份"。

24. la
短语"hacerse + 定冠词 + adj."意为"假装……"。短语"hacerse + adj."意为"变成，成为……"。该题句意为"当她的朋友进来时，Elena 装睡"，因此需加定冠词。

25. un

句型"hay + 名词"中，如名词是单数，需加不定冠词。该句句意为"在这条街区，有几家商店、两所学校和一个医院"，hospital 为阳性单数，因此加 un。

第四节 从每题所给的 A、B、C、D 四个选项中选出最佳选项。
26. D
本题考查点餐用语：de primero 表示"第一道菜"，de segundo 表示"第二道菜"，de postre 表示"甜点……"，de bebida/para beber 表示"喝的……"。

27. B
考查 cualquiera 作为不定代词时用法。cualquier 不定形容词，意为"任何一个"，位于名词之前，如 cualquier libro（任何一本书），cualquier revista（任何一本杂志）；cualquiera 为不定形容词，位于名词之后，并且名词前要加相应的冠词，如 un libro cualquiera, una revista cualquiera，但同时，cualquiera 还是不定代词。本题中需要一个代词，因此选择 cualquiera。

28. C
本题句意为"外面天气很冷，妈妈不明白为什么她女儿不愿意穿上大衣"，因此选择 ponerse。quitarse 意为"脱掉"，quitar 意为"去掉，拿走"，poner 意为"放，摆……"。

29. B
responder a algo con otro 表示"用……报答/回应……"，本题句意为"我们不能用恶意来报答别人对我们的恩惠"。

30. B
"哪一天"有两种表达方式：qué día 或 en qué fecha。

31. A
aprovecharse de... 表示"利用某人或某事已达到某种目的"，aprovechar...para... 表示"利用……做……"。本题句意为"Raquel 趁着父母去上班，开始上网"。

32. C
本题句意为"就是那个时候我知道了一切，但已经太晚了"，saber 在这里表示的是某个瞬间知道了某件事情，应该用陈述式简单过去时。

33. C
adaptar... a... 表示"使……适应……"，adaptarse a 表示"适应……"。本题句意为"你表弟用了多长时间适应西班牙生活的"，因此应用 adaptarse a...。另外，注意 adaptar 还有"改编"的意思，adaptar algo a otro 也可以表示"把……改编成……"。

34. B
本题句意为"我走遍了几乎整个城市，却没有看到任何哥特式风格建筑"，动词应该选择 ver"看到"，表示结果，而 mirar 是"看"，表示过程。此外，此处表示动作已完成，因此应选用复合原形动词 haber visto。

35. C
考查关系代词用法。题干句子为限定性定语从句，因此排除 A、B、D 选项，这三个只能用于解释性定语从句中。如果 el (la, los, las) cual /cuales 前面加上介词，既可以用在解释性定语从句，也可以用在限定性定语从句中。本题中先行词是 unos libros，为阳性复数名词，因此要用 los cuales，此外，无论是从语法结构上讲还是根据句意，los cuales 前面都需要添加相应介词，因此选 C。句意为"老师给了他几本书，在这些书中他将会找到丰富的材料来写论文"。

36. A

"no cabe duda de que + 陈述式"表示"毫无疑问……"。

37. B
el tipo ese 为常用语表达，表示"那个家伙"。

38. A
本题考查 mantener, mantenerse, permanecer 表示"保持，维持"时的用法：mantener + 名词，mantenerse + 形容词，permanecer + 形容词。本题中虽然动词后面有形容词 limpia，但是要注意这里的 limpia 修饰的是 la casa，因此动词后面的整体依然是名词，只不过名词多了一个修饰语，所以要选 mantener，而 C 和 D 为错误选项。

39. D
本题考查强调句用法。de este modo 表示"以这样的方式"，强调的是方式，因此选 como。

40. A
本题考查数字"千"用法。一千是 mil，前面不用加 un；两千是 dos mil，mil 不用变复数。

综合练习 7

第一节 将括号内的原形动词变为适当的人称和时态，填入空格内。

1. construyó
该题考查陈述式简单过去时的使用。el año pasado 是一个明显的过去时间，主语为 Sr. Carlos，因此要用 construir 的简单过去时单数第三人称的变位，注意 i 变为 y。

2. demos
该题考查单一人称结构 / 主语从句中的虚拟式的使用，从句的主语为 nosotros，并且主句为陈述式现在时，因此 dar 需要变成虚拟式现在时第一人称复数的 demos。

3. pon
该题考查命令式的使用，句意为"胡安，你把明天家庭聚会上要用的饮料和三明治都摆好"。

4. cupieron
该题考查 caber 陈述式简单过去时的使用，ayer 为明显的时间过去的标志，且 caber 简单过去时变位特殊，因此使用 cupieron。

5. hayas viajado
该题考查虚拟式在主语从句中主从主语不一致时的使用，并且有明显的现在完成时时间标志"este año"。

6. tuviera
该题考查虚拟式过去未完成时和简单条件式在条件句中的搭配使用，意为"要是我现在有钱的话，我就去环游世界了"。

7. empezara
该题考查虚拟式在由 antes de que 引导的时间状语从句中的使用。antes de que 引导的时间状语从句使用虚拟式，时态根据主句的时态变化，本题中主句动词为过去时态，因此从句使用虚拟式过去未完成时。

8. íbamos
该题考查简单过去时和过去未完成时的搭配使用，意为"我们正要离开时，有人敲门了"。陈述式过去未完成时表示未遂意愿。

9. se rompa
该题考查表达思维方式被否定的直接宾语从句中的虚拟式的使用：no creer que+subj.，因此使用 se rompa。

10. hubiera cogido
该题考查虚拟式过去完成时和复合条件式在条件句中的搭配使用，主句使用了复合条件式，从句应使用虚拟式过去完成时。该句意为"要是我当时准时乘上了公交，我肯定会给你打电话的"。

第二节 将适当的前置词或前置词与冠词的缩合形式填入空格内。

11. en
convertir A en B 为固定搭配，表示"把 A 变成 B"。

12. de
estar harto de algo 为固定搭配，表示"对……感到厌烦"。

13. ante
本句句意为"因为他在红灯的时候没有停下来被罚款 200 欧元"。ante un semáforo en rojo 意为"在红灯前"。

14. a
visitar a alguien 表示"拜访某人"。

15. de
tratar de 为固定搭配，表示"是什么，关于什么"，该句意为"这本书是关于什么的？"

16. a
invitar a uno a algo/hacer algo 意为"邀请某人参加 ....../邀请某人做某事"。

17. desde
desde 表示"自从"，如果与 hace... días/ semanas/ meses/.... 连用，则主句动词用陈述式现在完成时。

18. hasta
hasta que 引导的时间状语从句，表示"直到……"，句子意为"别着急，得等我哥通知我"。

19. con
句意为"既然你是自愿的，那就请热情地去做这个工作"。con ganas 表示"热情地"。

20. de
estar de buen humor 为固定搭配，表示"有好心情，有好情绪"。

第三节 根据需要将冠词或前置词与冠词的缩合形式填入空格内。
21. una
una amiga de Laura 与 la novia de Carlos 是并列宾语，表示"Laura 的朋友中的一个"，并不是特指。

22. El
定冠词表示特指，El águila iberica 表示"伊比利亚猎鹰"；águila 虽然是阴性名词，但是以 a 开头并且重音落在 a 上，因此定冠词需要用 el，同理，不定冠词用 un，此类单词还有 aula、agua 等。

23. El
表示整体中的一部分应用定冠词。

24. /
表示职业前不加冠词。

25. los
Los Estados Árabes Unidos 这类名称属于专有名词，冠词属于名词的一部分，同类型专有名词还有 los Estados Unidos、el Reino Unido、los Estados Árabes Unidos 等。

第四节 从每题所给的 A、B、C、D 四个选项中选出最佳选项。
26. A
decidirse a hacer algo 表示"下定决心做某事"。

27. D

serían 用简单条件时表推测，句意为"你昨晚几点回来的？" "具体我也不知道，大概十点吧"。

28. C

dirigirse a 表示"（对某人）说话。该句意为"总统在电视上向全国人民发表了讲话"。

29. C

sospechar de alguien 表示"怀疑某人"，该句意为"这个可怜的孩子什么也没做。你没有理由怀疑他"。

30. C

conseguir que 引导的直接宾语从句中表示"成功地让别人做了某事"，需要用虚拟式。

31. D

简单条件式表示过去将来，主句 dije 用了简单过去时，因此从句需要用过去将来。该句意为"我告诉过路易斯，如果他继续谈论此事，我会生气的"。

32. B

aprovecharse de algo para hacer algo 为 固定搭配，表示"利用某事得到某种目的"。

33. A

定语从句中先行词表示不确指的情况下，从句需要用虚拟式。

34. D

los 指代 mostivos，作为先行词，por los que 等于 por los motivos que，意为"因为……理由。"

35. B

副动词表同时进行，意为"他探出窗外向我们告别"。（副动词表达的是前置性、同时性，但从不表达后置性。西班牙语语法中指出："当副动词表示的动作是在主动词所表达的动作之后时，应避免使用副动词"。因此在这里避免理解成副动词表目的。

36. C

过去分词表状态，作为双重补语既修饰 volvieron 又修饰 los padres，因此使用阳性复数。

37. D

虚拟式在单一人称结构中的使用，由于主句动词 era 使用的是过去未完成时，而从句动作未完成，因此需使用虚拟式过去未完成时。

38. C

该题考查两个知识点：首先 prestar 表示"借出"，pedir 表示"借入"；其次动作的先后顺序，借书在前，还书在后，"老师把我叫到办公室为了给我还我借给他的书"，"叫到办公室还书"为过去，那么"借书"为过去的过去，所以用过去完成时。

39. B

estar dispuesto a hacer algo 是 disponerse a hacer algo 的过去分词用法，表示"打算做某事"。

40. B

第一个空考查在某个时间点做某事：a + 时间点，"在任何时间"表达为"a cualquier hora"；第二个空考查定语从句中先行词不确定时从句用虚拟式的用法，句意为"你们可以在你们合适的任何时间做这件事"。

综合练习 8

第一节 将括号内的原形动词变为适当的人称和时态，填入空格内。

1. he visto
表示从未做过某事需用"nunca+ 现在完成时"。

2. Llovía
时间状语从句中简单过去时和过去未完成时搭配使用，过去未完成时在这里表示对环境的描述："那天我们离开贝尔格莱德时，下着大雨。"

3. tengas
表示愿望的直接宾语从句中，当主从主语不一致时，从句需要用虚拟式。该题中主句用陈述式现在时，因此从句也是用虚拟式现在时。

4. tocara
该题中 Cómo poder ser que 的用法同 No poder ser que, 表示"怎么可能 / 不可能……"属于单一人称结构的一种，主从主语不一致的情况下用虚拟式。该句句意为"他怎么可能在这个年纪，小提琴拉的这么好"。

5. podríamos
该题目考查虚拟式过去未完成时和简单条件句的搭配使用：要是今天的火车不晚点，我们就可以看比赛了。但事实上是火车今天晚点了，我们看不了比赛了。

6. han hecho
该题考查的是单一人称结构"ser evidente, obvio, verdad, seguro, indudable, cierto, etc. + que+ indicativo"的用法，虽然主语从句中主从主语不一致，但 evidente 意为"明显"，此类含义的单一人称结构句中从句使用陈述时。并且因为"小女孩们已经做过这件事了"才会劝"你"别那么生气，因此用陈述式现在完成时。该句句意为"你那么生气……"。

7. habían mentido
该题考查陈述式过去完成时的用法。Después de que 后面表示已经发生的事情，该句意为"在他们对我撒谎之后，我就再也没能睡着"，为过去的过去发生的事情，主语为 ellos，因此使用 habían mentido。

8. haya viajado
该句考查让步状语从句中虚拟式的使用：即便他出国旅行了很多次，但就像是第一次离开自己的国家一样。aun cuando 引导的让步状语从句要求使用虚拟式，"已经出国旅行过了"，这件事情并不影响他"再次出国还是像第一次一样"，因此用虚拟式现在完成时。（该用法参考现西第三册第六课语法）

9. quiera
该题考查定语从句中先行词表示不确指时，从句动词用虚拟式的知识点：你认识喜欢狗的人吗？由于主句 conoces 是陈述式现在时，从句使用虚拟式现在时即可。

10. llegaría

该题考查简单条件式表过去的将来。句意为"昨天 Miguel 在电话里跟你说什么了？""他说他会晚到一会儿，因为他的同事生病了，他得自己完成工作"。

第二节 将适当的前置词或前置词与冠词的缩合形式填入空格内。

11. de

de 表示材质：大理石地板。

12. de

un vaso de agua 表示"一杯水"，量词后面加名词用 de 连接。

13. según

según 表示"根据"，句意为"据统计，西班牙新生儿在逐年减少"。

14. desde

desde 表示"自从"，句意为"自从她丈夫去世后，她就没有离开过家。她很消沉"。

15. Tras

tras 表示"在……之后"，句意为"讨论后，总统对部长们感到失望"。

16. entre

entre 表示"在……之间"，句意为"如果我们一起打扫家里卫生，我们就能提早结束"。

17. ante

ante 表示"在……之前"，句意为"他在雕像前坐下仔细地欣赏它"。

18. bajo

bajo mi responsabilidad 表示"我负责"，句意为"这些新来的学生我负责"。

19. con

con 表示"用……"，句意为"那位医生对待他的病人非常细心"。

20. de

acabar de... 意为"刚刚做某事"，句意是"我刚刚看见他进办公室了"。

第三节 根据需要将冠词或前置词与冠词的缩合形式填入空格内。

21. un

cantante 作为职业被 conocido 修饰，前面需要加不定冠词 un。

22. /

"讲某种语言"的表达中语言作为直接宾语，前面不加任何冠词。

23. La

paella 作主语，需要加定冠词 la，且在句首，要大写。

24. /

en 加交通工具不加任何冠词，表示乘坐某种交通工具。

25. /

复数前不加冠词做直接宾语，不特指。

第四节 从每题所给的 A、B、C、D 四个选项中选出最佳选项。

26. C

estar harto de algo 为固定搭配，表示"对……感到厌烦"。

27. B

第一个空考查主语从句中主从主语不一致的情况下虚拟式的使用；第二个空考查固定搭配 de la misma manera，意为"以同样的方式"。

28. C

简单条件式表示不能实现的愿望。

29. D

lo que 将其引导的句子名词化，在主句中充当直接宾语。

30. C

además de 为固定搭配，表示"除了……之外还……"；asistir a 固定搭配表示"参加，出席"，句意为"除了 Juan 之外，所有的同学也都参加了这次会议"。

31. C

本题考察副动词的用法。"llevar+ 时间 + 副动词"表示"做某事已经多长时间了"。句意为表示"我学西语已经十年了"。

32. B

impedir 表示"阻止别人去做什么事"时直接宾语从句使用虚拟式，主句动词是陈述式现在时，因此从句使用虚拟式现在时，seguir 的虚拟式现在时变位不规则，为 siga。

33. B

tocar 表示"轮到"时，用法同 gustar，此时主语为 diez días，因此 tocar 需要用第三人称复数的变位 tocan。

34. B

考查动词 doler 的用法；doler 表示"使疼痛，使感到疼"，其用法与 gustar（使喜欢）是一样的，即感到疼痛的部位是主语，人是间接宾语，通常主语位于变位动词之后 me/ te / le / nos / os / les + doler + 身体部位；由于 doler 的主语是身体部分，因此只能使用第三人称单数或复数的变位。本句主语为 las piernas，因此正确变位为 duelen；宾语是 mi hermana（我的妹妹），为单数第三人称，因此使用与格代词 le。

35. B

本句意为"如果你用冲澡代替泡澡，就可以节省100升水"，A 选项为"然而"，B 选项为"代替"，C 选项为"在……之后；在……末尾"，D 选项为"每次"，因此根据句意，应选择 B。

36. D

sentarse a 表示"坐在……边上"，desde 表示"从……"，句意为"我一进房间，就看见她坐在桌前，透过敞开的窗户看风景"。

37. B

本题意在考查虚拟式现在时和 faltar 的用法；当主句动词是单一人称系表结构时（importar, ser conveniente, ser posible, ser probable, ser bueno, ser preciso, ser malo, ser frecuente, estar mejor, estar bien, estar mal, ser importante, ser triste, etc.），从句需要用需要用到虚拟式，因此排除 A 和 C 选项；faltar a 表示"缺席……"，因此选择 B。

38. B

preferir hacer algo que hacer otro 表示"比起做……，更喜欢做……"。

39. B

subir a 表示"上……"，句意为"我想上一辆赛车"。

40. C

该题主要考查"穿"的几种不同用法，vestir 表示"穿"时，直接宾语为人，不加具体衣服；llevar 直接加具体衣服表示"穿什么样的衣服"，"ponerse+ 具体衣服"也表示"穿什么样的衣服"。

综合练习 9

第一节 将括号内的原形动词变为适当的人称和时态，填入空格内。

1. habían perdido
该题考查陈述式过去完成时用法，当和过去某个动作相比较的时候使用。此处意为"已经错过了飞机"。"错过飞机"这个动作发生在"发现了"这个动作之前，两个动作形成了对比。

2. cayera
该题考查"antes de que+ 虚拟式过去未完成时 / 虚拟式过去完成时"的用法，意为"在……之前"。

3. sufieras
该题考查在直接宾语从句中，主句动词表示愿望、祈使等含义时，从句动词需要使用虚拟式因主句动词为过去时态，从句使用虚拟式过去未完成时。此外，应注意如果主从句主语一致，deseamos 后面直接加动词原形。

4. sepas
该题考查虚拟式现在时用法。当主句动词表示感情、心境等含义的动词的使动用法中，主语从句要用虚拟式。

5. hubiera pasado
该题考查"como si + 虚拟式过去未完成时 / 虚拟式过去完成时"的用法。本题意为"就好像发生了什么似的"。这里强调完成，因此使用虚拟式过去完成时。

6. se ofrezca
该题考查虚拟式现在时用法。当表示情绪反应的动词 alegrarse，preocuparse 等，如果后面带由介词 de 引导的从句，则从句动词要求使用虚拟式。

7. reaccionaría
该题考查简单条件式的用法。此句表示过去的将来。根据句意"费尔南多想知道如果告诉她妻子发生了什么事，她的妻子会如何反应"，作出反应相对于想知道这个动作来说是将来发生的，故使用简单条件式。

8. se disponía
该题考查陈述式过去未完成时用法。根据句意"当安娜进入她的房间时，保拉正准备离开"，出门这个动作并未完成，因此用过去未完成时表示动作的未遂。

9. Hazme
该题考查动词 hacer 的命令式第二人称单数的特殊变位，意为"请你告诉他别烦我们"。

10. Estaría
该题考查简单条件式的用法，表示猜测某人可能在做什么。当对过去的事情进行猜测的时候应当使用条件式。此句意为"安娜为什么没有来聚会？""我不知道，她可能在工作"。

第二节 将适当的前置词或前置词与冠词的缩合形式填入空格内。

11. de
短语 salir de viaje 意为"出门旅行"，是动词与介词的搭配用法。

12. A
短语 a mi modo de ver 表示"我认为"，句意为"我认为你的姐姐不会来看我，因为她生病了"。

13. entre
此句中用 entre 表示"两个以上的主语共同完成某件事情"。句意为"她受伤了，甚至不能走一步，这就是为什么胡安和我一起帮助她下车"。

14. Ante
短语 ante todo 表示"首先"，句意为"首先，我想向诸位介绍我的同事，卡洛斯先生"。

15. Sin
介词 sin 表示"没有"，句意为"没有邀请函，我们不能进入大厅"。

16. a
动词 pasar 与介词 a 的搭配使用，表示"转移到另一个话题"。句意为"现在我们来聊一下西班牙文化这个话题，诸位一定会感兴趣"。

17. en
动词 quedar 与介词 en 的搭配使用，表示"约定做某事"。句意为"我们约好明天上午见面"。

18. al
介词 a 表示"频率"，句意为"当我住在巴塞罗那的时候，我一个月去看三次电影"。注意 a 与 el 缩合为 al。

19. de
动词 disponer 与介词 de 的搭配使用，表示"拥有"。句意为"中国拥有丰富的自然资源"。

20. de
动词 acordarse 与介词 de 的固定搭配使用意为"记起"。

第三节 根据需要将冠词或前置词与冠词的缩合形式填入空格内。
21. el
todo el mundo 为固定搭配用法，表示"所有人"，因此使用 el。

22. La
此处考查的是名词所指的人或者物具有唯一性时，需要加冠词，这里 mujer 为阴性名词，需要加上 la。

23. la
由于情境或上下文的原因，所提到的人或物为特指时，使用定冠词。此处句意为"我拿出车钥匙，打开了门"。这里的门特指车门。

24. del
当修饰语与被修饰语之间是所属关系，则需要加定冠词，由于前面有介词 de，需要使用缩合形式 del。

25. el
句型"hacerse+ 定冠词 + 形容词"表示"佯装"，因此使用 el。

第四节 从每题所给的 A、B、C、D 四个选项中选出最佳选项。
26. A
动词 dividir 与介词 en 搭配使用，表示"把……分为……"，句子意思是"如果学生人数超过 25 人，我们不得不将他们分为两组"。

27. C

主句动词为陈述式简单过去时，其引导的从句用陈述式过去未完成时。句子意思是"女孩问我是否介意等一会儿"。

28. B

句子意思是"我看不出你有什么理由如此悲伤"，该句中 para que 引导的从句中的动词应当使用虚拟式，由于句子为现在时，故使用虚拟式现在时。

29. B

这里使用现在完成时表示"最近的过去"，句子意思是"不好意思，你说什么？我没有听清楚"。

30. A

这里使用陈述式现在完成时表示"在提问的时候并不确定我们所涉及的是什么时候去过"，句子意思是"你去过墨西哥吗？没有，我希望我有机会去"。

31. B

使用陈述式过去未完成时 estaba 表示描述事情的气氛。句子意思是"那个房间是他最喜欢的：因为满是书"。

32. C

动词 acabar 和介词 por 搭配使用，表示"终于"，句子意思是"因我们一再坚持，他们终于同意给我们机会"。

33. D

es que 表示解释或辩解。句子意思是"我迟到了，这我知道，那是因为交通太拥挤了"。

34. A

"lo que estar + es + 句子"表示强调、明确。句子意思是"你生气了？不是，我那是太累了"。

35. B

¿A qué día estamos hoy? 是询问日期的固定搭配句型，只能使用动词 estar 来表示。

36. B

动词 ponerse 加形容词或者加表明状态的词语，这里描述的是一种精神状态。句子意思是"你要是继续这样工作，你会生病的"。"会生病"在这里需要使用陈述式将来未完成时。

37. D

考查简单条件式的用法，表示过去的将来的动作。句子意思是"昨天他答应我们，当他安排好一切时，他会打电话给我们"。

38. A

本题考查副动词的用法，表示"一……就……"，相当于 tan pronto como。句子意思是"一完成这份报告我就回家"。

39. C

本题考查 como 引导的原因从句，表示"由于，因为"，通常放在句子的开头。句子意思是"由于你们已经会使用虚拟式了，我们来讲解一些其他的东西吧"。

40. B

本题考查"siempre que + 虚拟式"的使用，表示"具有某种条件，只要，也可以表示时间含义"，句子意思是"星期天我们可以一起出去吃饭，只要你们大家都同意"。由于整个句子为现在时，因此使用虚拟式现在时。

综合练习 10

第一节 将括号内的原形动词变为适当的人称和时态，填入空格内。

1. Se trata
该题考查动词 tratarse 与介词 de 的搭配使用。Tratarse 加介词 de 用单数第三人称变位表示"说的是，指的是"，相当于系动词 ser 的用法。句子意思是"这是一本有趣的书，我认为你会感兴趣的"。

2. se haya producido
该题考查主语从句是单一人称系表结构时，从句中的动词需要使用虚拟式。Es imposible que 为单一人称系表结构，从句动词 producirse 需要用虚拟式，由于是现在时且强调完成因此使用虚拟式现在时。Producirse 是自复被动，因此需要加 se 来搭配。句子意思是"这个可怕的事故不是偶然发生的"。

3. sabe
该题考查 si 引导的条件状语从句中时态的搭配使用。当主句动词为陈述式将来未完成时或命令式时，从句应用陈述式一般现在时表将来。句子意思是"如果您知道会议时间，请告诉我"。

4. Iban
该题考查陈述式过去未完成时用法。根据句意"他们正打算出去，却来了几个老朋友"，出门这个动作并未完成，因此用过去未完成时表示动作的未遂。

5. cubrid
该题考查命令式的用法。根据句意"孩子们，用一些东西盖住刚刚收割的大米，要下雨了！"语气为命令式语气。

6. viajaron
该题考查陈述式简单过去时用法。当动作发生在过去，且指明了具体的次数的时候，需要使用陈述式简单过去时。句子意思是"去年，我的朋友们去欧洲旅行了三次"。

7. se animó
该题考查陈述式简单过去时用法。表示事件开始或结束的瞬间动作。句子意思是"当这位著名歌手开始表演时，派对热闹了起来"。

8. funcione
该题考查在 estar contento 等表示感情、心境的结构带由介词 de 引导的从句时，从句动词需要使用虚拟式。由于是现在时，因此使用虚拟式现在时。句子意思是"所有人因为公司运转的很好感到开心"。

9. den
本题考查连接词 cuando 引导的从句中用虚拟式现在时表示将来的动作。den 这里是无人称的变位。

10. terminaran
该题考查虚拟式过去未完成时的用法，当主语动词表示"命令"时，如果主语的动词是过去时态，且动作未完成，从句中应使用虚拟式过去未完成时。句子的意思是"老板命令他的员工完成这项重要任务"。

第二节 将适当的前置词或前置词与冠词的缩合形式填入空格内。

11. de
介词 de 表示"整体里的一部分"。句子意思为"酒店里有两个网球场和一个篮球场"。

12. con
estar con alguien 表示"跟……一起"。句子意思为"我很喜欢和她在一起，因为她很真诚"。

13. en
介词 en 表示时间概念，意为"在……期间"。句子意思为"休息时我会往你们家里打电话"。

14. en
介词 en 表示"乘坐某种交通工具"，该句的句意为"坐飞机旅行速度快还很舒适"。

15. de
encargarse de 意为"负责做某事"。句子意思为"她做事效率很高，什么事情都是她负责在做"。

16. a
介词 a 表示"温度"。句子意思为"难以置信，莫斯科的冬天是零下十度"。

17. en
"en + 地点"在句子中充当地点状语，此处意为"他出生在上海"。

18. para
短语"estar+para+ 动词原形"表示"即将，马上做某事"。句子意思为"当帕科给我打电话的时候我正准备出门去地铁站"。

19. de
动词 deber 和介词 de 连用表示"大概，想必"，该句句意为"从走路的姿势看，那位大概就是你的朋友露西娅了"。

20. a
动词 atreverse 与介词 a 连用表示"敢于做某事"，该句句意为"她不敢做困难的事情"。

第三节 根据需要将冠词或前置词与冠词的缩合形式填入空格内。

21. un
当名词带有修饰成分的时候，需要添加不定冠词。

22. La
当省略名词的时候需要使用"定冠词 + 形容词的"结构来表示所指。题里出现的 la roja 补充完整应该是 la chaqueta roja，只是省略了 chaqueta 这个单词。

23. El
"定冠词 el+ 名词"表示一类事物，这里表示老虎这类动物。

24. La
当人或者事物具有唯一特定性的时候，要使用定冠词。

25. Los
"复数定冠词 los+ 星期几的结构"表示经常或者习惯性去做的事情。

第四节 从每题所给的 A、B、C、D 四个选项中选出最佳选项。

26. C
过去分词 llegado 与定冠词 los 合用，起名词作用。los recién llegados 表示"新来的人"。

27. B

当 decir 表示命令的口吻时，从句中的动词应当使用虚拟式。

28. D

用过去未完成时表示过去经常发生的、重复的事件。句子意思是"每当她妈妈走进她女儿的房间的时候，她女儿都在学习"。

29. A

Ver 为感知动词，当"ver+ 人（或物）+ 原形动词"表示"看到某人在做某事"。句子意思是"当我看到妈妈朝我走近，我开心地向她跑去"。

30. C

句子结构为选择并列句子，使用 o 来连接。句子意思是"你是和我一起还是待在家里学习？"

31. A

此句为强调句式，其结构为"ser+ 时间副词 + cuando"。句子意思是"是从十点整开始上课"。cuándo、cuánta 为疑问词，分别对时间和数量进行提问，而不加重音的 cuanto 是形容词，表示"一些，若干"。

32. B

根据句意"谁能帮助我把桌子抬起来？"只有 alguien 能表达谁，todo 表示"全部的"，algo 表示"某些，某事"，nadie 表示"没有人"。

33. D

se nota 是无人称的变位，句子的意思是"帕科和阿尔贝托长相非常相似，可以看出他们是兄弟"。

34. B

la 为阴性、单数第三人称宾格代词，放在动词变位之前。句子意思是"新来的老师名字叫安娜，你认识她吗？"

35. A

primero 在阳性单数名词前去掉词尾元音 o，句子意思是"他来到墨西哥的第一天，认识了他的好朋友马里奥"。

36. D

tanto/ta/tantos/tantas...que... 句型为结果从句，表示事物或状态所达到的程度。句子意思是"我有太多的事情要告诉你，以至于我不知道从哪里开始"。

37. A

本题考查用陈述式过去完成时表达事件在另一个过去的事件之前已经结束。动词 concentrarse 的意思是"聚集"，根据句意"当侦探到达的时候，大厅已经聚集了很多人"，聚集这个动作发生在侦探到来之前，且已经结束，因此使用陈述式过去完成时。

38. B

这里使用简单条件式表达过去的将来。句子意思是"胡安给我打电话告诉我他会在下周星期天来看我"。

39. D

这里使用将来未完成时表达猜测语气。句子意思是"几点了？""我不知道，我没有戴手表，可能四点半了"。

40. A

本题考查短语的使用，mientras tanto 表示"趁这工夫"，de vez en cuando 表示"时不时"，llevar a cabo 表示"完成某事"，después de 表示"在……之后"。句子意思是"孩子，你去收拾你的房间，趁这工夫我去打扫院子"。